El papel utilizado para la impresión de este libro ha sido fabricado a partir de madera procedente de bosques y plantaciones gestionadas con los más altos estándares ambientales, garantizando una explotación de los recursos sostenible con el medio ambiente y beneficiosa para las personas. Por este motivo, Greenpeace acredita que este libro cumple los requisitos ambientales y sociales necesarios para ser considerado un libro «amigo de los bosques». El proyecto «Libros amigos de los bosques» promueve la conservación y el uso sostenible de los bosques, en especial de los Bosques Primarios, los últimos bosques vírgenes del planeta.

Primera edición: octubre de 2014
Tercera edición: marzo de 2015

Printed in Spain – Impreso en España

ISBN: 978-84-204-1813-1
Depósito legal: B-371-2015

Impreso en Gráficas 94
Maquetación: Javier Barbado

AL 1 8 1 3 1

Penguin Random House Grupo Editorial

El mundo de Olympia

Un deseo no cambia nada,
una decisión lo cambia todo

Estas son mis compañeras, juntas formamos un gran equipo

OLYMPIA

Es muy creativa, tan responsable y perfeccionista como cabezota y rebelde. A sus doce años es una soñadora apasionada por la gimnasia rítmica que desea por encima de todo hacer algo único, algo que nunca nadie haya hecho.

PATRICIA

La capitana del equipo júnior tiene alma de líder y sabe cómo ser una buena compañera.

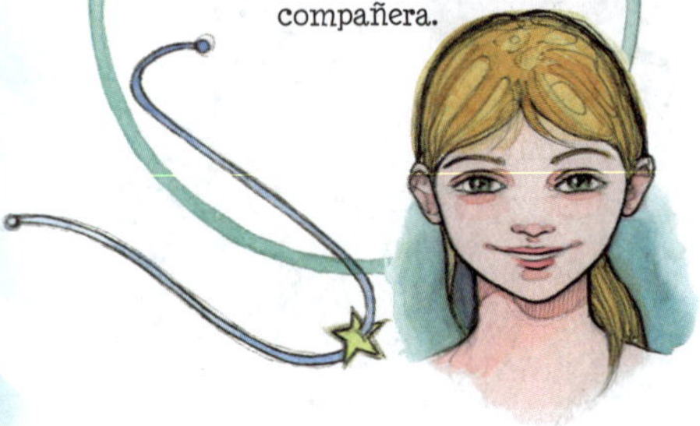

IRENE

Reservada e introvertida, a Irene le cuesta llevar la iniciativa, pero es una gimnasta muy disciplinada y tremendamente observadora.

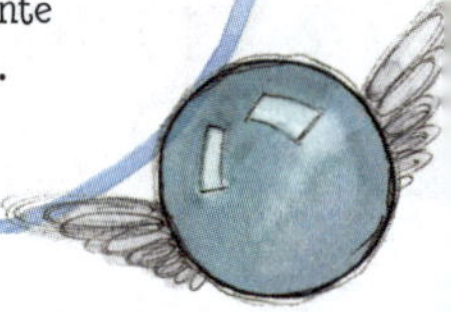

CARMEN

Con su inseparable pompón blanco en el pelo, la mejor amiga de Olympia dentro del equipo siempre está de buen humor.

ISABEL

A Isa no le gusta ser el centro de atención porque es vergonzosa y muy sensible.

Y ellos el impulso hacia mis sueños

IRATXE

Vive por y para la gimnasia. Su experiencia como gimnasta unida a sus conocimientos educativos hacen de ella la entrenadora de gimnasia rítmica perfecta.

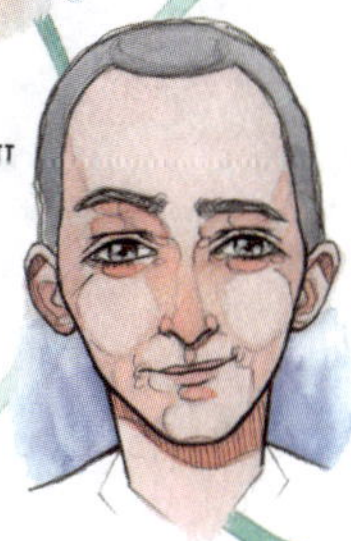

RUFINO

Parco en palabras y gruñón, tras esa cara de pocos amigos se esconde un hombre sensible y muy trabajador.

DAVID

Extrovertido y seguro de sí mismo, ingenioso y un poco gamberro, David es con diferencia el mejor amigo de Olympia en el colegio. Le apasiona la música y sueña con crear sus propias mezclas: le gustaría ser un gran DJ.

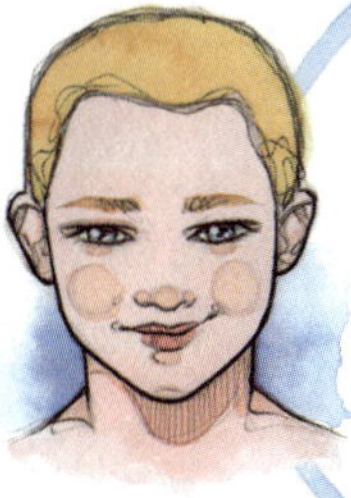

ORTZI

Comprometido y responsable, su pasión es la gimnasia artística. Muy maduro para su edad, ya lleva varios campeonatos a la espalda con su entrenador búlgaro y es toda una promesa del deporte.

MARTA

Vive en el mismo edificio que Olympia y son muy buenas amigas desde niñas.

Olympia

Un paso más

ALMUDENA CID

Ilustraciones de Montse Martín

ALFAGUARA

1

—¡Vamos, que pareces una tortuga!

Como cada mañana de año nuevo desde que Olympia tenía memoria, su padre y ella atravesaban el bosque de Armentia rumbo a la cima del Zaldiaran. Y como cada mañana de año nuevo desde que Olympia tenía memoria, ella caminaba unos pasos por delante, impaciente, deseando llegar a la meta para ver todo Álava a sus pies, mientras que Tomás se lo tomaba con calma.

El cambio de año había dejado un cielo azul y totalmente despejado. Como si se hubiese llevado parte de los nubarrones que oscurecían el ánimo de Oly casi desde su regreso del viaje al campeonato nacional de conjuntos en Canarias. De eso hacía solo una semana, pero todo había pasado muy deprisa.

Carmen y ella se habían sentado juntas en el avión que las llevaba de vuelta a casa, y habían empleado cada hora que duró el vuelo en recordar el ejercicio que les había valido su primer diploma en un campeonato nacional, e intentar adivinar de qué habrían hablado Iratxe y la seleccionadora en el vestíbulo del hotel. Para cuando el Cantábrico empezó a asomar por las ventanillas, estaban convencidas de que en un abrir y cerrar de ojos las cinco chicas del IVEF serían parte del equipo nacional.

Para colmo, en cuanto aterrizaron en el País Vasco y después de los abrazos y las felicitaciones de rigor —y después de que Mina pusiera el grito en el cielo por el corte de pelo que todas se habían hecho (hay soluciones más acertadas para salir todas iguales y con un *look* especial sin hacer esa locura)—, Iratxe se reunió un minuto con los padres de Olympia. No le dejaron quedarse delante, pero tenían que estar hablando de su futuro en la selección, ¿no? Estaba convencida. Aun así, en el coche camino de casa, sus padres no le dijeron nada, y a Oly le pareció que su madre estaba más seria que de costumbre. Y ahí fue donde las vacaciones de Navidad empezaron a nublarse.

A Olympia le encantaban las fiestas navideñas. Ayudar a su madre a preparar las cenas y comidas familiares; levantarse a las seis de la mañana el día de Navidad para abrir lo que había dejado el Olentzero (porque allí, en vez de Papá Noel, quien llegaba era un carbonero con un saco enorme cargado de regalos); practicar con Marta nuevos peinados y maquillajes; trabajar la flexibilidad de sus *spagats,* abdominales, lumbares y estiramientos...

Como era de esperar, Iratxe les había puesto a las chicas una tabla de entrenamiento navideño. Tenían por delante una semana para disfrutar con sus familiares y amigos, pero a cambio debían dedicarle una hora al día a hacer los ejercicios que les mandaba su entrenadora, para los que Oly aprovechaba el rellano de la escalera del sexto. En su salón, si abría las piernas a 180 grados, se daba con la mesa y el sofá. Estaba deseando empezar los entrenamientos en el pabellón del IVEF, el Instituto Vasco de Educación Física, pero aún faltaba para que llegase el día 2 de enero.

Justo por eso le sorprendió tanto que Iratxe se presentase en su casa la mañana del 29 de diciembre, con su chándal de terciopelo azul. Enseguida pensó que había venido para hablar de ella y del equipo nacional, aunque el primer comentario de Iratxe, mientras todos se sentaban en los sofás del salón, la había dejado hecha un lío.

—¿Tenéis el certificado? —había preguntado la entrenadora mirando a Tomás y a Mina.

—No. Ha sido imposible —había respondido la madre de Oly.

—Lástima. Nos habría ido muy bien.

—Si nos hace uno falso y le pillan, se arriesga a que lo expulsen del Colegio de Médicos.

—Bueno, no pasa nada.

Oly no había entendido una palabra pero se había mordido la lengua; no se había atrevido a preguntar por si le decían que se fuese a su cuarto. Cada vez estaba más nerviosa, más inquieta... No sabía qué ocurría, pero ella tenía que estar allí pasara lo que pasara. Le había parecido que sus padres y su entrenadora cruzaban una mirada, su madre había hecho un gesto hacia la entrenadora e Iratxe se había girado hacia ella.

—Olympia tengo algo importante que decirte —arrancó—. Las chicas y tú me visteis hablando con la seleccionadora nacional después del campeonato de España, ¿verdad?

Ella había asentido con la cabeza, sin decir ni mu. «Voy a ir con la selección, voy a ir con la selección, voy a ir con la selección...», había pensado una y otra vez.

—Maya se acercó a felicitarme por mi trabajo —siguió Iratxe—. Me dijo que le había gustado mucho el conjunto... pero que especialmente le gustaste tú. Le gustan tus condiciones, tu técnica y tu tipología, y quiere que formes parte del

equipo nacional y te incorpores a la concentración permanente en Madrid como gimnasta individual.

Oly había tenido que hacer un esfuerzo enorme para no ponerse a dar saltos encima del sofá. «¡Sí, sí, sí, sí!». ¡Se iba con el equipo nacional!... Solo que, a su lado, sus padres la miraban serios, e Iratxe tampoco parecía nada contenta. ¿Qué estaba pasando? Esa mañana en el salón de su casa, Olympia no había sido capaz de entender a qué venían esas caras tan largas. Tuvo que decírselo su entrenadora.

—Tus padres y yo hemos decidido que no irás a Madrid —había sentenciado mientras Mina rodeaba con un brazo los hombros de su hija.

Los ojos de Olympia se habían llenado de lágrimas. Aquello no podía ser verdad. Solo que sí lo era.

Oly pasó el resto del día encerrada en su cuarto, a ratos enfadada con el mundo, y a ratos muy triste, incapaz de encajar la noticia. También pasó así el día siguiente y hasta la mañana del 31, pero según se acercaba la hora de la cena de Nochevieja, le iba encontrando cada vez menos sentido a seguir vagando por la casa como un alma en pena, o enfadada con sus padres. No es que fuera a olvidar lo que había pasado, pero para cuando todos se juntaron delante de la tele para tomarse las doce uvas, Olympia volvía a tener una sonrisa en la boca.

Se habían quedado levantados hasta las tantas, hablando, riéndose y jugando a las cartas y a juegos de mesa todos juntos. Marta y sus padres se habían unido a ellos después de las campanadas, y había sido muy divertido, con Miguel e Israel, los hermanos de Olympia, haciéndole trampas a Tomás mientras los demás les seguían el juego.

Esa noche Oly había tenido una pesadilla. Soñó que hacía gimnasia en un tapiz con forma de as de picas gigante, solo que las normas de la competición habían cambiado: tenía que hacer el ejercicio tumbada sobre el suelo, en horizontal, como si las jueces estuvieran en el techo para puntuarla. No le salía nada. Cuando su padre entró en su cuarto para despertarla, se había movido tanto que la encontró enredada entre las sábanas: como cada 1 de enero, se iban de caminata al Zaldiaran.

—Una tortuga gigante —repetía ahora Oly por encima del hombro.

—Un poco de respeto a tu padre —dijo Tomás, que se acercaba a ella muy despacio—. Para ti, señor tortugo.

Habían alcanzado la cima del monte.

Se sentaron en el suelo, Tomás abrió la mochila y le pasó a Olympia una naranja. Eso también formaba parte de la tradición: sentados en lo alto del Zaldiaran, pelaban una naranja y se la comían en silencio los dos juntos gajo a gajo, mientras pedían un deseo para el año nuevo.

Oly la sujetó, pero antes de abrirla le soltó a su padre lo que llevaba preocupándola tres días.

—¿Y si el año que viene ya no me quieren, aita? —preguntó con la mi-

rada baja—. Cuando en el equipo nacional se enteren de que no voy porque no me dejan, no van a quererme más.

Precisamente eso es lo que Iratxe había tratado de evitar buscando un certificado médico. Querían poner como excusa una falsa lesión, algo que justificase el rechazo a incorporarse de la noche a la mañana a la disciplina del equipo nacional, pero no lo habían conseguido. Tomás rodeó con un brazo los hombros de su hija y la atrajo hacia él, igual que había hecho Mina la mañana en que Iratxe le dio la noticia.

—Eso ya lo hablamos, Olympia... No hace falta inventarse nada: eres demasiado pequeña para irte, y estás a mitad de curso. Si de verdad tienes sitio ya en el equipo nacional, esa seleccionadora sería muy poco lista si no fuese capaz de esperarte un tiempo —la consoló—. Ya oíste a tu entrenadora el otro día: dice que aprendes rápido y está segura de que pronto serás aún mejor gimnasta. Esto lo hacemos por tu bien, y no es definitivo. Pero cada cosa tiene su momento, ¿lo entiendes?

Oly asintió con la cabeza.

Iratxe le había contado su propia experiencia: a ella también la habían llamado cuando tenía más o menos la edad de Oly y sus padres llegaron incluso a acompañarla a Madrid, pero nada más llegar a la que iba a ser su residencia, se cruzaron con una chica con el pelo teñido de fucsia y mascando chicle con la boca abierta, y su padre la obligó a dar media vuelta. En ese entonces la residencia no era solo para deportistas, como ocurría ahora. De todos modos, el caso es que su entrenadora ni siquiera había tenido una explicación razonable: su padre se había limitado a decirle «yo aquí no te dejo» y se acabó. Olympia pensó que al menos a ella sí le habían dado motivos, estuviese o no de acuerdo con ellos.

—Este año tienes que seguir madurando y terminar los estudios —le repitió Tomás—. Por ahora, quédate con el interés que ha mostrado la seleccionadora. Si te quieren hoy, también te querrán dentro de unos meses o unos años.

Olympia se frotó los ojos. No quería ponerse a llorar otra vez.

Giró la cabeza, le dio un beso a su padre sin decir nada, y empezó a pelar la naranja. Sabía que él tenía razón..., pero aun así le daba miedo haber dejado escapar su única oportunidad de entrar en el equipo nacional. «¿Y si no me llaman más?», se preguntó de nuevo justo antes de meterse en la boca el primer gajo y hacer una mueca: sabía un poco amargo. Luego se concentró con todas sus fuerzas en su deseo de año nuevo. Lo que quería por encima de todo era otra oportunidad, que no se olvidasen de ella, que volvieran a llamarla.

2

Olympia pedaleaba tan rápido como le daban las piernas. A lomos de su bicicleta nueva, atravesó la avenida y enfiló la última recta hasta el colegio: era el primer día de clase después del parón navideño y ella estaba estrenando su regalo de Reyes. ¡Y era uno que podía enseñar en clase!

Todos los años le pasaba lo mismo con el Olentzero, o los Reyes Magos, o sus cumpleaños: los regalos que le hacían siempre eran de gimnasia y solo podía usarlos en el pabellón. Un maillot nuevo, unas punteras, unas rodilleras que luego utilizaría también para proteger la espalda enganchándolas con la goma del pantalón, una cantimplora para el agua, una funda para la pelota, un mono de lana para protegerse del frío... Una vez le regalaron una cinta firmada por todas las componentes del primer conjunto español que consiguió un oro en un campeonato del mundo —Lorea Elso, Teresa Fuster, Isabel Gómez, Montse Martín, Débora Alonso y Gemma Royo, con las suplentes Marta Aberturas y Cristina Chapuli—. Había sido en Atenas en 1991: vencieron a las rusas por cinco milésimas, algo histórico, y esa cinta era toda una reliquia que su madre había conseguido gracias a la ayuda de una amiga de otra amiga.

Eran regalos geniales, pero no podía compartirlos con sus compañeras de clase y eso le hacía sentirse tan distinta... Como si no bastase con llegar cada día al colegio con la carpeta forrada con fotos de gimnastas congelados en pleno salto en movimientos imposibles, en vez de pósters de cantantes o actores, como el resto de sus compañeras.

Las únicas que de verdad podían entender cómo se sentía eran Carmen, Patricia, Isabel e Irene, porque ellas estaban en las mismas.

Dentro del equipo también habían intercambiado regalos. En los clubes por los que Olympia había pasado hasta la fecha era costumbre celebrar el amigo invisible —«Vas de mal en peor, Oly», le había dicho David al enterarse. «¿No quedamos en que *yo* era tu único amigo invisible?»—. Se ponía un tope de 20 euros; con ese dinero cada una tenía que comprarle un regalo a la compañera que le tocase, y hasta el día de la entrega de regalos no se sabía quién iba a hacerte a ti el tuyo.

Lo divertido es que este año metieron a Rufino en el lote, y el día de la entrega de regalos tanto él como Carmen estaban igual de despistados. El conserje del pabellón sujetaba en la mano el vale por un masaje relajante en un balneario de la ciudad, que le había regalado Irene —«Vosotras tardad menos en cambiaros por las noches y no me estresaré tanto», protestaba—. Y Carmen miraba con cara de «para qué quiero yo esto» una navaja suiza de esas con cuchillito, sacacorchos, linterna y minitijeras, que le había regalado Rufino.

Olympia había sido la amiga invisible de Isa. De regalo le había comprado un pintalabios de color cereza y un lápiz de ojos, junto con un vale para una sesión de maquillaje de competición. Isabel siempre le decía que quería que le enseñase a pintarse la línea del ojo como lo hacía ella, así que la idea le había encantado.

A Oly el regalo se lo hizo Iratxe: le había dado una cajita envuelta en un papel muy llamativo, de colores plata, rojo y negro. Al abrirlo, vio que se trataba de un puzle pequeño, de unas veinte piezas, aunque con el ajetreo de los últimos días y preparar la vuelta a clase, aún no lo había hecho.

—¡David!

Oly encadenó la bici a la barra donde dejaban aparcadas todas a la puerta del colegio, e hizo gestos a su amigo. David venía con la capucha puesta y las manos hundidas en el bolsillo del abrigo mientras movía la cabeza de un lado a otro, como si fuese bailando al ritmo de una música que nadie más oía.

—¡Eh, sordo!

Nada.

—¡¡Daviiiid!!

Él ni se inmutó, pero todos los que estaban cerca de ella clavaron la mirada en Olympia, y al ver cómo se giraban todas las cabezas, David la descubrió al fin.

—¿No me oías? —le preguntó Oly cuando llegó a su lado.

—Los artistas somos así: solo tenemos oídos para el arte —contestó su amigo al tiempo que se quitaba la capucha y dejaba a la vista unos auriculares plateados que le cubrían toda la oreja. Había parado la música. Se dio unos golpecitos con el dedo en los cascos antes de colgárselos del cuello—. ¿Qué te parecen?

Oly se acercó para verlos mejor.

—Aíslan el ruido exterior, y con ellos puestos, cuando pincho en casa solo escucho la música. Así puedo mejorar la calidad de mis mezclas —le explicó él.

—¿Y no oyes nada de fuera?

—¡Casi no oigo ni lo que pienso!

—Si es por eso, para lo que tendrás que oír... —se rio Oly mientras los dos echaban a andar hacia el gimnasio del colegio.

Tocaba Educación Física a primera hora.

—Me gustaría escuchar alguna de tus sesiones —le dijo.

—Eso está hecho. Te traeré un CD un día de estos. ¡Bienvenida al mundo de DJ VIZ: tan bueno como DJ CIZ, pero más guapo y con mejor cuerpo! —respondió David mientras entraba en el vestuario de chicos arrastrando los pies en un paso de *dance* improvisado y bastante lamentable.

Oly cerró tras de sí la puerta del vestuario de las chicas, que estaba justo al lado. Todavía se iba riendo cuando abrió la mochila de deporte para cambiarse. Sacó la camiseta y el pantalón de gimnasia, y dejó sobre el banco de madera el top deportivo que utilizaba.

A su edad, la mayoría de sus compañeras de clase ya habían sustituido los tops por sujetadores, pero ella se veía plana como el tapiz de entrenamiento y por eso no le gustaba cambiarse delante del resto, porque siempre acababa preguntándose si su cuerpo no se habría quedado atrapado en el tiempo. Como si alguna fuerza cósmica hubiese parado su reloj interno sin ella saberlo, mientras las demás seguían creciendo y creciendo.

En ese momento, tres chicas se reían mientras entre dos trataban de desabrocharle el sujetador a la tercera. Al parecer, se lo habían regalado esos Reyes y ahora que tenía que cambiarse, los corchetes le estaban dando problemas.

—Te está pequeño, por eso se te clava —valoraba Miren con ojo crítico—. Una 75C te quedaría mejor.

Miren era una de las chicas más grandes de la clase, parecía que le sacaba a Olympia dos o tres cursos —«Está de buen año», habría dicho Margarita, la abuela de Oly, en caso de conocerla—. La chica había dado el estirón el pasado verano, y desde principios de curso se diría que había asumido encantada el papel de «experta en cuestiones de crecimiento». El grupito que siempre la escoltaba no perdía detalle de sus palabras, como si estuviesen escuchando consejos de últimas tendencias y fortalecimiento personal de labios de Lady Gaga.

—¿Dónde irá con una 70B? —comentó Miren mientras se dejaba caer en el banco al lado de Olympia—. Parece una salchicha embutida. ¿A que sí?

Oly miró hacia su derecha, por si se estaba dirigiendo a otra chica, pero allí solo quedaban ellas, así que simplemente se encogió de hombros y siguió a lo suyo. En su lista de «Temas de los que no me apetece hablar», el de «Cómo le queda el sujetador a otra» iba justo por detrás de «Qué sería capaz de hacer por peinarle el tupé a Harry Styles en un vídeo de One Direction».

Solo que Miren no iba a soltar a su presa así como así. Al ver que Olympia no quería hablar del tema, sacó toda la artillería. Cogió el top de Oly entre el pulgar y el índice y lo levantó hasta la altura de su cara.

—¿Y tú qué talla usas? —preguntó.

Oly no tenía ni idea. De hecho, aquella era la primera vez que oía que la talla de un sujetador iba por números y letras.

Sus tops solo llevaban letras, y no había ni B ni C. Hacía poco que había cambiado de la talla XS a la S.

Le quitó el top a Miren de las manos y se lo puso dándole la espalda.

—Yo no uso de los vuestros. Los míos son diferentes —le dijo.

—Y tan diferentes. ¡Son para chicas planas! —la picó Miren, haciendo que las otras dos se rieran con el comentario.

Olympia no supo qué contestar, así que se dio media vuelta y se fue mientras oía cómo Miren la llamaba «fideo» a sus espaldas. Le hubiese gustado volver a entrar en el vestuario y decirle que cerrase la boca, o que mejor fideo que morcilla, o que tenía menos gracia que atragantarse con un hueso de aceituna, pero se quedó con las ganas. Siempre le pasaba igual: las respuestas se le ocurrían cuando ya no estaba delante.

Le afectaba mucho sentirse tan distinta a sus compañeras de clase. Por suerte tenía la gimnasia, que era el refugio frente a todas sus inseguridades. Allí cada día podía hacer algo que la hiciera sentir importante; a veces era solo mejorar un centímetro en la flexibilidad del *spagat*, pero eso bastaba. Allí sentía que avanzaba, que tras muchos «noes», en algún momento vendría un «sí» de su entrenadora, y eso le hacía feliz.

Aquella tarde Mina vio que Olympia llegaba a casa pensativa. No hizo caso a sus hermanos cuando intentaron tomarle el pelo, y tampoco quiso quedarse un rato hablando o viendo la tele después de la cena: aunque era viernes, prefirió irse a su habitación para repasar un examen de Matemáticas que no tenía hasta dentro de una semana.

Antes de acostarse, recordó el puzle de Iratxe. Volcó la caja encima de la cama y se tumbó boca abajo en el colchón con las piernas en «posición rana», para ir reuniendo las piezas.

En cinco minutos ya tenía hechos los rostros. Tres minutos después, aparecían los cuerpos y el fondo de la imagen: su entrenadora había convertido en puzle una foto que se hicieron en el pabellón de Canarias, después de saber que habían quedado cuartas. Se las veía a ellas dos posando con el tapiz a su espalda. Iratxe la rodeaba con el brazo, y Oly tenía una sonrisa de oreja a oreja y levantaba el diploma en alto.

Algo le decía que con ese regalo su entrenadora le estaba mandando un mensaje. Le estaba diciendo que se acordase de todo lo que ya había conseguido, aunque no pudiese irse ahora con el equipo nacional... Solo que Olympia había llegado tan acomplejada de clase de gimnasia que únicamente lograba fijarse en lo plana que se la veía en la foto con su top lila.

Dejó el puzle sobre la mesita de noche, se puso el pijama y apagó la luz.

No estaba contenta. No estaba nada contenta con su pecho.

En la mente podía oír una y otra vez la respuesta de Miren. *Son para chicas planas. Para fideos. Eres un fideo. Una chica plana. Plana. Plana.*

Se acostó pensando cuánto le gustaría tener algo más de chicha, desarrollarse de una vez y parecerse menos a las niñas de

nueve años y más a las de su clase. «No quiero ser un fideo». Como oyese a alguien más llamarla fideo, le iba a coger manía a la sopa. «Un macarrón, si acaso, pero un fideo...». No paraba de repetirse: «Me conformo con ser un poco más ancha. Solo un poco». Y con esa frase en los labios la pilló el sueño.

3

Nada más abrir los ojos supo que algo iba mal. Los rayos de sol se filtraban con fuerza por la ventana, pero Olympia se sentía como si necesitase seguir durmiendo otras cinco horas del tirón. Imposible: entrenaban a las diez y media, tocaba levantarse.

Aún tendida en la cama, estiró los brazos por encima de la cabeza hasta tocar el cabecero. Notaba el cuerpo dolorido, incluso con agujetas en algunas partes. La tarde anterior había pasado casi una hora repitiendo una y otra vez el mismo movimiento, y ahora tanta repetición pasaba factura. Aunque lo peor vino cuando intentó levantarse.

Era como si le hubiesen pegado la nuca con cemento a la almohada y luego la hubiesen atado a una cadena de hierro fundido y le hubiesen dado varias vueltas. Se sujetó la cabeza entre las manos, y con el mismo esfuerzo que le habría hecho falta para subir a caballito a un luchador de sumo, logró bajar los pies al suelo y permanecer sentada en la cama. Casi pudo notar cómo el peso empezaba a descender hasta asentarse con un «¡PUM!» —que nadie más oyó— a la altura de la mandíbula, por debajo de las orejas.

Se sentía como los cabezudos de las fiestas de Vitoria. Pero con menos ganas de juerga. O como el cabezón Gargantúa que ponían siempre y que a ella le daba tanto miedo de pequeña.

Con movimientos leeeeentos se fue incorporando muy poco a poco sin dejar de sujetarse la cabeza, e igual de despaaaacio se dirigió hacia el cuarto de baño, notando cómo le retumbaba todo con cada paso, hasta plantarse delante del espejo con los ojos cerrados. «¿Los abro o no los abro?». A lo mejor debería acostarse otra vez y dormirse, y al despertar seguro que ya se le había pasado...

Subió una de las manos hasta cubrirse los ojos, como hacía cuando ponían alguna película de miedo en la tele. Miguel, que era el mayor, se reía de Israel y de ella porque siempre se perdían lo mejor, pero esa mañana necesitaba todos los trucos del mundo para asimilar a trocitos lo que le devolvía el espejo. Y, la verdad, ni con esas... Abrió un poco más la rendija entre los dedos. Confirmado. ¡Tenía la cara deforme!

A Oly le encantaban las patatas cocinadas de cualquier forma, sobre todo la patata alavesa, pero no le hacía ninguna gracia sentirse como si le hubiesen metido una entre la mandíbula y cada una de las orejas. No, una patata no, una sandía. De pie delante del espejo y con las palmas de las manos cargando con parte del peso de su cabeza, Olympia parecía *El grito* de

Munch con la cabeza del revés y vista a través de una lupa. Si no sabes cuál es, búscalo y te harás una idea de la tragedia.

Los motivos no necesitaba averiguarlos porque ya sabía que todo era culpa suya. Se había acostado pensando que ojalá fuese más ancha, y ahí lo tenía, justo lo que había pedido. «Muy graciosa, hada de los deseos. Un chiste estupendo. La próxima vez seré más precisa».

Lo primero que le vino a la cabeza (¿podía seguir llamándola «cabeza» aunque pareciese una pelota de playa de hormigón armado?) fue que tendría que haber deseado algo un poco más provechoso. Como dominar de una vez el dorsal, o que Ortzi... No, no, en Ortzi no quería ni pensar con las pintas que tenía en ese instante.

Lo segundo fue que le tocaría mudarse si aquello iba a ser para siempre. Mudarse de casa. De colegio. De barrio. De país. ¿Era en África donde vivía ese pueblo que reducía las cabezas? Y sobre todo y principal: ¿habría allí una competición de gimnasia?

Soluciones. Necesitaba soluciones. Y rápidas.

Jugándoselo otra vez a la carta del hada, cerró los ojos y durante un minuto entero deseó con mucha fuerza volver a estar como estaba antes de acostarse. Pensó en cosas delgadas. Se puso a contar fideos, espaguetis, tiras de regaliz... y como no había desayunado todavía, le entró el hambre, así que paró y abrió los ojos.

La Gemela Cabezuda seguía mirándola al otro lado del espejo.

Salió del cuarto de baño y se encaminó de puntillas hacia la cocina.

Una vez allí, abrió la puerta del congelador y hundió dentro la cabeza hasta que el frío le hizo castañetear los dientes. Sabía que era un truco estético que empleaban muchas modelos, pero ella siempre usaba el hielo como antiinflamatorio. Volvió al cuarto de baño: ahora tenía la cara azul, pero seguía igual de hinchada.

«¡Soy un pitufoglobo!».

O Doraemon.

De hecho, parecía Doraemon sin ideas y sin bolsillo mágico.

Con el ánimo por los suelos —algo ayudaba el peso de la cabeza—, Oly se arrastró hasta el dormitorio de sus padres. Tomás se levantaba todos los días a las seis para ir a trabajar y a fuerza de la costumbre ya no conseguía levantarse más tarde ni los días de descanso, así que estaba en el salón viendo una de esas películas antiguas del Oeste. En cambio, Mina dormía profundamente y Olympia tuvo que despertarla zarandeándola en la cama.

—¿Qué pasa? —le respondió su madre con los ojos medio cerrados cuando oyó que Olympia la llamaba.

—Se me ha hinchado la cara, la tengo deforme —le dijo Oly con lágrimas en los ojos mientras se la tocaba.

Mina se levantó de golpe, la llevó hacia la luz del pasillo y allí estaba Olympia con lo que parecía el barril de un perro de las nieves a la altura de la mandíbula.

—¡Ama, soy una cabezuda!

Mina se echó a reír.

—Olympia, cariño, eres una cabezota de toda la vida. Como tu padre. Pero de cabezuda nada. Lo que tienes son unas paperas de libro.

—Ayer me acosté diciendo que quería tener más chicha y mira lo que me ha pasado —le dijo asustada—. Que se me ha puesto toda la chicha aquí abajo.

Su madre no pudo reprimir una carcajada.

—Eso te pasa por desear lo que no debes. Cada uno es como es, y tiene que aceptarse como es —le dijo mientras le giraba la mandíbula para verla bien a la luz, aprovechando la casualidad para darle una lección a su hija—. Se te pasará en unos días, pero hoy no podrás ir a entrenar —concluyó enseguida.

—No, no puedo faltar al entreno —dijo muy rápido Oly apartándole la mano a su madre. Era sábado, tocaba sesión doble de entrenamiento, y ahora que ya sabía que eso de la cara no era para siempre, y no tendría que mudarse a África, lo importante volvía a ser la gimnasia.

Tomás las estaba oyendo hablar y se había asomado a la puerta del salón.

—¿Tú quién eres y por qué te has comido a mi hija? —preguntó muy sonriente.

—Tú encima tómatelo a broma —protestó Mina antes de volverse otra vez hacia Olympia—: Tenemos que ir al médico...

—Pues vamos después del entrenamiento, pero yo me voy a entrenar.

—Cabezota es poco —decía su madre mientras Oly corría a su cuarto sujetándose la cara para que no le botase, se ponía su chándal nuevo regalo de Reyes y cargaba la mochila al hombro—. Olympia, no seas burra, por un día que no vayas no pasa nada.

—Sí pasa —replicó ella.

No soportaba la idea de que ese día perdido era un día que desperdiciaba. En enero llegaba la hora de poner en marcha la temporada de individual y aquel era el momento más creativo del año porque tenían que buscar distintas maneras de trabajar con el aparato: crear rodamientos diferentes utilizando todas las partes del cuerpo, pequeños manejos que llamasen la atención porque no se hubieran visto antes, recogidas originales del aparato... Se trataba de que sus ejercicios fuesen distintos, especiales, llamativos.

Mucha gente piensa que las entrenadoras son las que montan los ejercicios, buscan la música, diseñan los maillots, y maquillan y peinan a sus gimnastas, pero Iratxe quería que poco a poco sus chicas fueran responsables de esa parte tan importante de la gimnasia rítmica, porque es en esos detalles donde cada una descubre y saca a la luz su propia personalidad.

A Olympia le encantaba imaginarse nuevos movimientos, buscaba la originalidad. Ser única. Y unas simples paperas no iban a impedírselo. Ya corría camino de las escaleras como hacía siempre cuando su madre se asomó a la entrada con un pañuelo fucsia, y un zumo en una mano y una tostada en la otra.

—Mira que eres. De aquí no te vas sin desayunar. ¡Y al menos ponte esto!

Mientras Tomás se calzaba para acompañar a su hija al pabellón, y Oly engullía medio desayuno —en cada bocado veía las estrellas—, Mina le puso el pañuelo fucsia en la cabeza: le rodeó con él la mandíbula y se lo ató en lo alto de la coronilla.

—¡Hoy coge el ascensor! Que es que ni piensas.

Cinco segundos después, su padre pulsaban el botón B y el ascensor iniciaba el descenso mientras, por el cristal de la puerta, Oly se despedía de su madre con un «TE QUIERO» que Mina le leyó en los dedos y en los labios.

4

Cuando llegó al pabellón, sonaba de fondo una canción que Iratxe solía ponerles para arrancar los entrenamientos; una instrumental que comenzaba lenta y se iba animando, así que era perfecta para terminar de despertarse los sábados. Rufino barría la entrada, pero se detuvo de golpe al verla.

—¿Qué pasa? —le preguntó al fijarse en el pañuelo color fucsia que le rodeaba la mandíbula—. ¿Es que no podías dejar de bostezar esta mañana?

Iba a responderle, cuando la música del pabellón empezó a sonar distorsionada, como si alguien estuviese subiendo y bajando el volumen. Rufino miró hacia el techo, luego apoyó el cepillo contra la pared, le dio la espalda y se marchó refunfuñando hacia su garita.

—¡Pabellón nuevo y megafonía a pedales!

Olympia sujetaba la puerta del espacio de entrenamiento cuando oyó la voz a su espalda.

—¿Oly?

Lo que le faltaba. Se lo iba a encontrar de golpe. No podía hacer nada.

Llevaba sin ver a Ortzi desde que se marcharon todas a Canarias. Según le oyó decir a Patricia, su entrenador búlgaro, Nikolai, se lo había llevado a entrenar fuera en Navidades: a una exhibición internacional en Moscú, una concentración o algo así, no estaba segura. Lo que sí sabía era que había pensado en él más de lo que estaba dispuesta a admitir. De hecho, no pensaba admitirlo ni aunque la torturasen metiéndole polvos pica-pica en las punteras.

Durante esas dos semanas, le había dado muchas vueltas a cómo contestar al mensaje que él le envió después del ejercicio del campeonato nacional. «Cuando vuelvas vamos a tener que quedar...». Eso le había escrito. Pero ¿quedar con ella? ¿De verdad quería quedar *con ella?* No sabía cómo encajarlo ni qué decir, así que al final no había respondido. Eso sí, tampoco había borrado el whatsapp de su móvil. A lo mejor algún día...

Eso si ahora él no salía corriendo, claro.

Se dio la vuelta muy despacio hasta que los dos quedaron frente a frente.

—Ortzi... Hola.

Qué ojos tan azules tenía. Él no echó a correr, pero la observó en silencio. Un segundo. Dos. Tres... Y luego puso su mejor cara de póquer.

—Concurso de disfraces: segunda planta, primera puerta a la derecha.

Luego se rio, y Oly le dio un golpe en el brazo mientras giraba la cara tratando de esconder en parte su volumen. Como si fuera posible.

—¡Que tengo paperas! —protestó.

—Pues déjame decirte que estás muy graciosa con ese pañuelo.

—A mí no me hace ninguna gracia.

—Vale, vale... —dijo Ortzi levantando las palmas de las manos en son de paz—. Estaba bromeando. No te sienta nada mal el fucsia. Deberías pensar en competir con un maillot de ese color.

Su comentario arrancó la primera sonrisa de Olympia. El fucsia era su color preferido y esas palabras le habían dado una gran idea. Ortzi le abrió la puerta acristalada hacia la zona de los tapices, y en cuanto ambos cruzaron el umbral, echó las manos al suelo y se puso a hacer el pino.

—Es mejor que te recuperes y vuelvas al entrenamiento cuando puedas rendir al cien por cien —le dijo mientras caminaba cabeza abajo a su espacio de entrenamiento con una sonrisa en la cara—. En serio, es mucho más inteligente.

Oly le vio marcharse hasta el otro lado de la cortina divisoria situada entre ambos tapices y luego dirigió la vista hacia sus compañeras.

Mientras Iratxe colocaba el banco a mitad del tapiz, para seguir desde allí los ejercicios, todas las chicas se habían reunido en torno a Carmen en las espalderas. La Microgimnasta,

como ella se definía, había cogido la costumbre de colgarse de las espalderas antes de empezar los entrenamientos: creía que dedicándole cinco minutos a estar colgada acabaría cogiendo algún centímetro más. Por si eso fuese poco, siempre convencía a alguna de sus compañeras para que tirase de sus pies hacia abajo. «Hay que echar una mano a la gravedad», decía muy convencida. Justo en eso estaban ahora Isa e Irene: sujetaban a Carmen de un pie cada una y tiraban de ellos hacia abajo mientras Carmen las animaba.

—¡Ya noto cómo crezco! ¡Seguid tirando!

Patricia estiraba al lado de ellas, y por un instante a Olympia le pareció que la miraba con un gesto extraño, aunque no fue capaz de adivinar si se debía a que la había visto hablando con Ortzi, o al aspecto que tenía esa mañana.

—¿Qué es eso de venir a entrenar con pañuelo, Oly? —le preguntó Iratxe, que ya se acercaba a ellas.

—Si es porque vas a usar una canción de Amy Winehouse, que sepas que a ella le recogía solo el pelo —se rio Patricia.

Olympia se quitó el pañuelo y vieron la cara extraña que tenía.

Carmen se había dejado caer desde la espaldera y ahora andaba hacia Oly con cara de sorpresa y el dedo índice estirado como si fuese E.T. el extraterrestre.

—Eres la Señora Potato... —iba diciendo.

—Creo que tengo paperas —explicó Olympia con un hilo de voz. Notaba debajo de la mandíbula y hacia las orejas dos

bultos grandes como puños. ¡Ya podían haberle salido en otro sitio!

—Es como si te hubieses comido dos pelotas de tenis... —dijo Isa.

—Se parece a mi hámster cuando se come el algodón de la jaula... —dijo Irene, e hinchó los carrillos.

—Ya está bien, chicas —zanjó Iratxe—. ¿Has ido ya al médico? —le preguntó preocupada a Olympia.

Ella negó con la cabeza, mientras sentía el peso de las paperas.

—Es que no quería faltar al entrenamiento.

—Me encantan tus ganas y es genial que no quieras perder ni un entrenamiento... Pero estás con paperas. ¡Tienes que curarte! —Olympia agachó la cabeza—. Oly, tienes un virus, puede darte fiebre y un deportista no debe entrenar en esas condiciones. Además, las paperas son menos contagiosas que la varicela pero igualmente podrías pegárselas a tus compañeras. Debes guardar reposo en la cama. Y no te preocupes por el entrenamiento: lo recuperarás.

Ortzi le había puesto sobre aviso.

Olympia se despidió de las chicas, se dio la vuelta y desanduvo el camino hacia la entrada, donde Rufino la aguardaba ya con la puerta abierta. A su lado, Tomás le comentaba algo mientras negaba con la cabeza. Estaba tan seguro de que Iratxe no iba a permitir que su hija entrenase en esas circunstancias —y tan seguro también de que ella a la entrenadora sí la escucharía—, que no se había marchado después de dejarla.

En el pabellón sonaban ya los primeros acordes de *These boots are made for walking*, de Nancy Sinatra, la canción que habían usado para el ejercicio de conjuntos. Desde la vuelta de vacaciones, Iratxe la dejaba como arranque de entrenamiento mientras las chicas corrían un poco: un recordatorio de lo que habían conseguido juntas.

Oly se sentía fatal.

Cuando llegó a la altura de su padre, Tomás le cogió la mano.

—Cuídate, rusita —la despidió Rufino.

La esperaban unos días de descanso por delante...

5

—Concéntrate de una vez, Oly. No me estás haciendo ni caso.

Seis días llevaba Olympia encerrada. ¡Seis días sin salir de casa! Estaba que se subía por las paredes. Marta había bajado a verla y a esas horas ya había probado de todo: había intentado distraer a su amiga practicando nuevos peinados, luego le había hablado sobre sus progresos en 200 metros lisos, había imitado a su entrenador —«¡Controle el braceo, Izarra!»—, y hasta había recopilado vídeos graciosos de YouTube para tratar de hacerla reír. Pero nada.

Olympia seguía de los nervios. Estaba harta de «tomárselo con calma», como le pedía su madre. Lo que quería era ir a entrenar. Estaba perdiendo el tiempo. Se sentía como una prisionera encerrada en una cárcel enana, solo que en vez de barrotes tenía una puerta, y las paredes decoradas con pósters de gimnastas.

—¡Quiero salir! —volvió a protestar.

Estaba tumbada en la cama siguiendo órdenes de Marta, y su amiga permanecía sentada en la silla que tenía delante del escritorio donde hacía los deberes. Como último recurso, Marta se había empeñado en probar con ella técnicas de relajación, con la excusa de que tenía que dominarlas si quería ser una gimnasta de élite.

Su entrenador era un convencido del poder de la mente. Estaba seguro de que si te imaginabas corriendo la carrera completa —marcando bien el impulso de salida, cada braceo y zancada, la posición de los hombros y todo el resto—, luego eras capaz de correrla mejor. Por eso, además de obligar a sus atletas a practicar la visualización de la carrera, en la previa de las competiciones siempre buscaba la relajación con ejercicios de ese tipo.

—Concéntrate —le repitió Marta en su pose de psicóloga deportiva de pega. Le indicó que cerrase los ojos, carraspeó y volvió a la carga en lo que pretendía ser un tono relajante—: Estás andando por un camino que va a parar a la playa... Hace un día estupendo, el sol calienta y notas una brisa fresca en los brazos...

Oly resopló. Ella no notaba brisa fresca. Lo que notaba era el pañuelo fucsia dándole calor en la mandíbula. Marta no le hizo ni caso:

—Sientes cómo los pies se hunden en la arena caliente y te gusta... Es una sensación agradable, muy agradable... Desde donde estás, puedes mirar al horizonte, ves el azul del mar... Ves el azul del cielo... Tienes la sensación de estar rodeada de un azul que te relaja y te llena... Oyes el sonido del viento entre los árboles cercanos... Te llega el olor del mar... El calor de la arena...

Oly se imaginó en la playa. Una playa enorme y desierta.

Sin nadie a la vista.

Un suelo firme al tacto.

El sitio perfecto para practicar diagonales.

Resopló otra vez y abrió un ojo. Marta se había tomado tan en serio el ejercicio de relajación que estaba a punto de caerse de la silla, aunque seguía hablando con voz de hipnotizador de pega:

—Te acercas a la orilla y metes los pies en el agua... Sientes cómo la tensión se derrite y sale de tu cuerpo... El sonido de las olas te relaja... Notas que las olas van... y vienen... Van... y vienen...

Olympia extendió la mano y agarró el vaso de agua que tenía en la mesita de noche: quedaba menos de un dedo en el fondo.

—¡Un tsunami! —gritó al tiempo que se lo lanzaba al brazo.

Marta abrió los ojos de golpe, se agachó, se quitó una zapatilla y la tiró hacia las piernas de Olympia. Parecía un movimiento ensayado. En total no había tardado ni dos segundos. Eso tenía que ser récord en alguna parte del mundo.

—¡Ay! —protestó Olympia.

—¿Ay? ¿En serio no eres capaz de concentrarte? Porque ya solo me queda la táctica del martillazo en la cabeza.

Era la segunda visualización que probaban. En la primera, habían intentado que Olympia se imaginase en el espacio, y Oly se había empeñado en ver mazas, cintas y aros flotando junto a ella. Tenía su gracia hacer volteretas en gravedad cero, pe-

ro Marta no se había reído cuando en mitad del ejercicio trató de hacer una encima de la cama.

Justo en ese momento escucharon el timbre del portero automático.

—¡Voy yo! —oyeron gritar a Israel. El hermano de Olympia siempre era el primero en correr hacia la puerta o el teléfono.

Le escucharon hablar con alguien, luego oyeron cómo se abría y se cerraba la puerta del apartamento, y unos segundos después David entraba en la habitación de Olympia.

—¿Creías que te ibas a librar de mí? —dijo a modo de saludo.

—Ya era hora de que llegaran refuerzos —le sonrió Marta.

Oly se sentó en la cama.

—¿Me traes helado?

Era lo único bueno de las paperas: esa semana tenía barra libre de helado, aunque en pleno enero no apetecía tanto como si le hubiesen caído las paperas en verano.

—No. Algo mejor. Por cierto, te queda muy bien el pañuelo, estás muy guapa —dijo mientras se acercaba al ordenador y abría el lector de CD.

Olympia se puso roja como un tomate. Primero Ortzi y ahora David. ¿Cómo iba a imaginar que le dirían cosas tan bonitas justo cuando peor se veía ella?

—Te he traído un disco de mezclas mías —siguió él, ahora sin mirarla. Lo que le había dicho se lo había dicho sin querer, y aunque era algo que pensaba desde hacía tiempo, prefería cambiar rápido de tema.

—Entonces ¿sabes pinchar?, ¿no era todo de mentira?

—Ja, ja. Muy graciosa.

Seleccionó el CD en el directorio de archivos y se desplegó el listado de nueve pistas.

—No tiene nada que ver con la música que utilizáis vosotras —iba diciendo.

—Bueno, ahora la gimnasia no es como la de antes. Antiguamente todas las músicas eran con piano y el pianista acompañaba en directo. Si fallaban con el aparato, alargaba las notas para que lo recogieran y continuaran con el ejercicio, o aceleraba el ritmo para que no durara más de noventa segundos. Ahora hasta permiten uno de los ejercicios con letra, aunque eso sí, la música y la coreografía de la gimnasta tienen que tener sentido.

—Ojalá nosotros pudiésemos elegir también música para las carreras —se imaginó Marta—. Voy más rápido si tengo música chunda-chunda para marcar la zancada.

David hizo doble clic en la primera pista y comenzaron a sonar los acordes iniciales.

—¡Espero que no te ponga la cabeza como un bombo!

—Lo que me faltaba... —se rio Olympia señalando el bulto (ahora ya más pequeño) de las paperas—. De pelota de playa a tambor gigante.

—La gente que no está acostumbrada a escuchar música electrónica, *house*, *techno-house* y esos estilos dice que le da dolor de cabeza.

Los tres escucharon en silencio las primeras mezclas.

Había algo que a Olympia le gustaba mucho de la música que le había grabado David, y es que no era tan diferente a la gimnasia. La melodía empezaba tranquila, tenía una pequeña subida, y después bajaba la intensidad para luego volver todavía más fuerte. Y justo en ese momento era cuando David hacía la mezcla con otra música y el ordenador cambiaba de pista. Las músicas de la rítmica tenían esa misma estructura.

Había mezclado músicas que tenían melodías con violín, piano e incluso timbales. David había elegido un repertorio a conciencia, pensando en sus gustos, y había acertado.

Olympia cerró los ojos.

Allí estaba, en mitad del tapiz, sin público, solo ella y la cuerda.

Con la música de timbales de fondo.

Imaginó que empezaba con pequeños saltos al ritmo de la música, cruzando y descruzando los brazos. Enseguida vinieron los churros con la cuerda, horizontales y verticales. Dibujaba en el aire ochos pequeñitos, como los vaqueros del Oeste. Cuando cogía el cabo tras cada escapada de la cuerda entraba en un salto diferente, girando, con dos pies, en galope... Incluso se vio en la última diagonal: lanzaba el aparato alto, hacía dos volteretas y recogía la cuerda por detrás de la espalda, tumbada boca arriba, al tiempo que elevaba piernas y tronco para permitir que la cuerda pasara por debajo.

Un paso más

Su imaginación era una fuente de creatividad. Esa música, esos timbales habían despertado en Olympia unas ganas increíbles de montar su nuevo ejercicio.

6

Dar con una música que te emocione, elegir el aparato, escoger las dificultades corporales de mayor valor, probar los elementos de riesgo que puedan encajar en el ejercicio, buscar enlaces para las transiciones, dar con el estilo de los pasos rítmicos y montarlo todo. Ese era el orden cada vez que tenían que crear un ejercicio nuevo. Y en la temporada de individual, cada una de ellas tenía cuatro que montar por delante.

La federación había decidido que competirían en cuerda, cinta, mazas y aro (porque cada año se seleccionaban cuatro de los cinco aparatos). Quedaba fuera la pelota, con lo que le gustaba a Olympia...

Esa tarde, las cinco del equipo júnior del Club IVEF de Vitoria habían llevado sus propuestas musicales y se las iban enseñando a Iratxe, que disfrutaba mucho al ver lo diferentes que eran unas de otras. Mientras hacían la barra de ballet como cada día al empezar el entrenamiento, las iba llamando una por una para escuchar las músicas que habían elegido.

Había comenzado por Patricia, que ya había seleccionado sus cuatro, y ahora estaba con Carmen, que aún seguía buscando.

—A mí todavía me falta una —dijo Isa.

—Pues a mí dos —dijo Irene.

—Igual que a mí —respondió Oly.

—Chicas, parad un momento y venid aquí —oyeron a Iratxe—. No me puedo creer que con las posibilidades que tenéis ahora para buscar músicas, alguna de vosotras me salga con que no ha podido encontrar nada.

Carmen se reajustó el pompón blanco en lo alto de la cabeza, como solía hacer cuando quería desviar la atención, y luego miró hacia el suelo con los brazos en jarra mientras hacía como que calentaba los tobillos.

—Tampoco es tan fácil, Iratxe —intentó echarle un cable Patricia. Como capitana del equipo, exigía mucho a las otras cuatro, pero también las apoyaba si creía que a alguna le hacía falta.

—¿Que no es...? —Iratxe dejó la pregunta colgada en el aire—. ¿Sabes cómo conseguía yo la música para mis ejercicios? Iba todos los días a una tienda de discos que se llamaba Disco Láser, en el centro comercial Dendaraba, donde ahora hay una tienda de pádel. Allí preguntaba al dueño por músicas sin letra y leía los títulos de las canciones para ver si me hacía una idea. Como nunca compraba, el dueño me acabó preguntando por qué iba un día y otro día a la tienda y le expliqué que era gimnasta y que no podía permitirme gastar dinero y que luego ninguna de esas músicas me sirviera. Desde entonces, él le quitaba el plástico al CD que yo creía que podía tener algo interesante y me dejaba escucharlo. Si me valía, me lo llevaba, pero podía pasarme horas con los auriculares puestos en la tienda hasta dar con algo que me sirviera.

Iratxe se quedó observando a sus chicas, y luego fijó la mirada en Carmen.

—Así que ¿cómo me podéis decir que no encontráis ninguna música que os valga, cuando tenéis gratis en Spotify la posibilidad de escuchar horas y horas de canciones enteras? Solo hay que querer.

—Tienes razón —resopló al fin Carmen—, creo que no me he esforzado lo suficiente.

—Pues ya sabes lo que tienes que hacer, porque es importante que empieces a seleccionar tu música tú misma. ¿Entiendes que para interpretarla tienes que sentirla, y para sentirla tiene que gustarte? Seguro que hay alguna gimnasta que te gusta mucho. ¿Por qué no utilizas una de sus músicas? Tal vez pensar en una de tus gimnastas favoritas te ayude. Anna Bessonova, Eugenia Kanaeva, Natalia Godunko...

—A mí me gusta mucho Yana Kudryavtseva. Sobre todo su ejercicio de mazas.

—¿Ves como no es tan difícil? —le dijo la entrenadora con una sonrisa—. Venga, volved a la barra. Tú también, Carmen. Olympia, te toca.

Oly se quedó con Iratxe. Al menos llevaba una propuesta, aunque no estaba muy convencida de que a Iratxe fuese a gustarle.

—Un amigo mío del colegio es DJ. Se llama David... —le explicó mientras le entregaba el CD. Todas habían dejado el suyo junto al tapiz al bajar del vestuario—. Le pedí que me hiciera una música, y no sé si sabré interpretar el estilo, pero a mí me gusta mucho.

Mientras sonaba la mezcla, Iratxe mantuvo la mirada fija al frente, y Olympia supuso que estaba tratando de imaginarla a ella trabajando con ese estilo. No se atrevía a decirle que en realidad ya se había imaginado el ejercicio entero.

Cuando acabó, la entrenadora asintió con la cabeza.

—Me parece muy interesante. Tal vez no sepas muy bien cómo interpretarla pero hay una historia detrás de esta música, porque un amigo pensó en ti mientras la escuchaba y se tomó la molestia de hacértela. Si te gusta, ¡adelante! ¡Ya tienes una música! ¿Para qué ejercicio?

—Cuerda.

—Estupendo, y ¿los otros tres aparatos?

—Había pensado en el *Concierto de Aranjuez* para el aro. La escuché en un anuncio —reconoció Olympia. Quería que sus músicas fueran de estilos diferentes, y el concierto de Joaquín Rodrigo y la mezcla de David eran el día y la noche.

—Me parece bien —Iratxe ojeó su carpeta roja—. Tengo dos sugerencias para ti, compuestas por un músico ruso que se llama Anatoly. Si no tienes más propuestas y estas te gustan cuando las escuches, ya tienes las músicas para este año.

Olympia respiró. Bastante le había costado encontrar esas dos opciones como para encontrar otras dos. Escuchó las propuestas de su entrenadora con una preciosa sonrisa antes de que su lugar lo ocupase Isa.

Una vez las cinco hubieron pasado por el banco de Iratxe, la entrenadora les pidió que se acercaran de nuevo.

—Mañana traeréis un cuaderno. Quiero que apuntéis todas las dificultades que vayáis a tener en los ejercicios, los lanzamientos, y todos los enlaces de maestría con el aparato que hayáis inventado. Cada dificultad, cada lanzamiento y cada maestría la haréis cinco veces bien y anotareis todas las veces que lo habéis tenido que hacer para completar las cinco buenas.

—¿Solo de los aparatos que trabajemos? —preguntó la capitana.

—Eso es. Y lo mismo con las mitades y los enteros que hagamos.

A veces las repeticiones se trabajaban solo en series de medio ejercicio, cuarenta y cinco segundos, para reforzar transiciones específicas.

—Quiero que registréis vuestro trabajo —insistió la entrenadora—. Es la mejor forma de saber cómo estáis trabajando y cuánto tiempo os lleva conseguir un porcentaje elevado de estabilidad. Nuestro deporte se basa en la repetición y en la mecanización de los elementos —eso era algo que Iratxe intentaba meterles en la cabeza desde principio de temporada—. Antes de una competición importante, tenéis que ser capaces de hacer un mínimo de cuatro ejercicios sin caídas de cada cinco que hagáis; si no, difícilmente os saldrá bien en competición.

Las chicas asintieron a una.

A Olympia le gustó la idea de llevar ella misma el control del trabajo diario. Ni siquiera se le pasó por la cabeza que de este modo podría escaquearse de alguna mitad o que podría repetir un lanzamiento menos veces, como habría pensado alguna otra gimnasta. Todo lo que ella pensaba era que ese sería un método de responsabilidad y que Iratxe estaba demostrándoles que confiaba en ellas. Lo cierto es que eso era justo lo que la entrenadora buscaba: darles confianza y trabajar su responsabilidad, porque así con los años todas ellas se convertirían en mujeres adultas responsables.

Con esto en mente, las cinco comenzaron el entrenamiento.

Lanzamientos. Golpes del aparato en el suelo tras una mala recogida. Nuevos intentos... Iratxe caminaba por el tapiz observándolas y de vez en cuando se paraba si veía que alguna sacaba algo interesante y le ayudaba a desarrollarlo. A veces no salía nada, y otras de repente se oía en el gimnasio:

—Iratxe, Iratxe, mírame, por favor.

Y la siguiente frase ya era una excusa:

—Seguro que justo ahora no me sale, justo ahora que te lo tengo que enseñar.

—Pues lo trabajas y me lo enseñas cuando lo tengas controlado —contestaba Iratxe con la intención de que lo afianzaran.

En esas andaban cuando Isabel dejó las mazas en el tapiz y se acercó a la entrenadora.

—Me duele la tripa —le dijo mientras miraba a otro lado.

—¿No serán nervios?

La había visto fallar en las tres últimas recogidas que había intentado.

—Yo creo que son gases —respondió Isa casi susurrando.

Isabel tenía a menudo problemas de gases y, si no cuidaba la alimentación, enseguida aparecían. La entrenadora ya estaba más que advertida.

—¿Qué has comido hoy? —le preguntó un poquito enfadada. Esa no era la primera vez que le venía con dolores de tripa: ya lo habían hablado antes.

—Es que yo... Bueno, mi madre... O sea... Coliflor —terminó confesando.

—¡Coliflor! Pero Isa... ¿Cuántas veces te he dicho que tienes que evitar ciertos alimentos como la coliflor, el brócoli, el repollo o las bebidas con gas? Está muy bien que comas verduras, pero si lo haces, evita las que te dan gases y más aún en los días de entrenamiento.

—¿Y qué puedo hacer? —le preguntó Isabel roja y mirando al suelo.

—Pues ponerte en una esquina con el culo en pompa a tirarte pedos, eso es lo que vas a hacer. Y cuando estés liberada, continúas.

Sus compañeras, que a pesar de los esfuerzos de Isabel lo habían oído todo, no pudieron evitar una carcajada. Era muy gracioso ver a Isa en esa posición.

Así completó Olympia el entrenamiento de esa tarde: con música de timbales en la cabeza, y en la esquina del tapiz, música de pedorretas.

7

La buena temporada de conjuntos en categoría júnior había hecho que algunas niñas más pequeñas se apuntaran al club y que creciese la reserva de fichas para el año siguiente. Aumentó la previsión de ingresos y, a petición de Iratxe, la directiva aceptó que parte de ese dinero se destinara a las gimnastas de competición. Y menos mal, porque en individuales las chicas necesitaban cuatro maillots, tantos como ejercicios.

Aparte de la ayuda del club, todas iban a utilizar el maillot lila redecorado para uno de los aparatos, y don Luis, el dueño de la tienda donde trabajaba la madre de Isabel, seguiría colaborando con los cristales de swarovski. Pero aun así, los padres de las chicas tendrían que echarle imaginación, además de hacer un esfuerzo y rascarse los bolsillos.

Y por eso esa tarde, Olympia y su madre habían salido a la caza de maillots en potencia.

En Vitoria había una tienda donde se podían adquirir trozos de telas. Se llamaba Telas al Peso, y el precio de las telas dependía de cuánto pesaran, con independencia del tejido. Como ellas iban pensando en futuros maillots, siempre buscaban que fueran telas elásticas, como la lycra. Oly tenía claro de qué colores quería los maillots de tres de los ejercicios.

Para el de mazas, el lila de conjuntos redecorado.

Para el de cuerda, un estampado de leopardo combinado con negro.

Para el de cinta se imaginaba un maillot blanco y rosa.

—Como mi postre favorito —le iba diciendo a su madre camino de la tienda—. Un maillot de nata y fresa.

¿Y para el del aro? Lo sabría cuando lo viera.

Cuando entraron en Telas al Peso, aquello parecía la jungla. La dependienta les explicó que esa misma mañana había llegado un envío y por lo visto se había corrido la voz por el barrio. Debía de ser verdad, porque en cada cajón de telas había una maraña de manos. Oly respiró hondo.

La Rastreadora se prepara para entrar en territorio hostil. Deberá infiltrarse en la tribu de los brazolargos y escarbar en busca de su presa, si no ha llegado demasiado tarde...

En una demostración de flexibilidad, Olympia fue colándose entre las señoras de rodeaban el cajón más grande y en un visto y no visto, se había plantado en primera fila. Como un premio, casi esperándola, vio justo lo que buscaba: la tela estampada de leopardo. La primera sesión de caza no había ido mal.

Con su botín en la mano, la Rastreadora se escabulle del poblado brazolargo y se adentra en la selva en busca de otros parajes...

Al fondo había visto un cajón más pequeño: debía probar suerte, y acertó. Abrió los ojos como platos al intuir de lejos una tela que parecía lycra fucsia. Su maillot de fresa y nata tenía que llevar ese color. Ortzi se alegraría de verlo.

«¡Para la cinta!».

—¡Paso, paso! —iba diciendo como si fuese la escolta del presidente y tuviese que salvarle de un batallón de francotiradores: una cuestión de vida o muerte—. ¡Es perfecta! —exclamó mientras cogía la tela antes de que ninguna señora de las que estaban allí revolviendo en aquel cajón enorme pudiera hacerse con ella—. ¡Mira, ama!

Mina se dio la vuelta y vio cómo su hija ondeaba la tela fucsia en lo alto. Como una bandera en mitad del campo de batalla.

Retorciéndose igual que una experta contorsionista, Olympia desanduvo el camino colándose entre las demás clientas hasta llegar junto a su madre.

—Parece que nos hemos puesto de acuerdo —le dijo esta con una sonrisa mientras le enseñaba lo que había conseguido ella: tenía en las manos un rollo de lycra amarillo que sería perfecto para el maillot del ejercicio de aro.

Misión cumplida.

De vuelta a casa, Mina le pidió ayuda a su amiga «la Pili» para que le hiciera los patrones. Los maillots cada vez eran más complejos, y su amiga trabajaba como modista, así que quién mejor que ella para guiarla. Algunos llevarían muchos cortes y otros serían piezas casi completas, luego la madre de

Olympia los cosería, los decoraría con pintura para tela y finalmente pegaría los cristales swarovski. La verdad, Mina ya era una experta navegando por internet en busca de tutoriales para aprender a hacer todo lo que hiciese falta y más.

El resto de la tarde, el salón se convirtió en un despliegue de colores. Tomás, que lo veía desde el umbral, no paraba de decir que el suelo le recordaba al juego de Enredo al que jugaban cuando los tres hermanos eran más pequeños.

—¡Pie derecho al amarillo, brazo izquierdo al leopardo! —decía mientras Mina le contestaba por cuarta vez que se largase, o por lo menos que les preparase un aperitivo si tenía la intención de seguir dando la lata.

—¡Pie izquierdo a la cocina, brazo derecho a la nevera! —le replicaba al tiempo que Pili le amenazaba de lejos con las tijeras.

Después de que la modista tomase las medidas de Olympia, Mina se había empeñado en extender las telas en el suelo. Todas. En el suelo. ¿Te imaginas? Piezas silueteadas de la parte delantera y trasera que al encajarlas darían lugar a los maillots más especiales del mundo. Y luego le pedía a su hija que se fuese tumbando encima de una y de otra, para confirmar que bastaba con la tela que tenían.

—Tú has visto mucho CSI —le decía Miguel desde la puerta.

Porque con su hermana allí tumbada mientras su madre repasaba el patrón de la tela, parecía que estaba dibujando la silueta de un crimen.

—Eso díselo a tu padre. Cuéntale que estoy practicando, por si tarda otros cinco minutos en volver con el aperitivo.

Pili las miraba con cara de extrañeza, pero divertida. Anda que si trabajasen así en su taller de costura...

—Mira que ir a coger una tela amarilla, niña... ¿En gimnasia no dicen que el amarillo da mala suerte? —le preguntó a Olympia, que la miró desde el suelo, tendida de espaldas y no dijo nada.

—Eso es si eres supersticiosa —la contestó Mina—. No creo que un color haga que te salgan mejor o peor las cosas, o todos iríamos por la calle vistiendo el mismo. Es el trabajo diario lo que da seguridad.

—Eso que dices es tan cierto como que hay vida inteligente en otros planetas —coincidió Pili.

No lo decía de broma, es que ella estaba convencida. Era fiel seguidora de Iker Jiménez y *Cuarto Milenio* —«¡que para algo es de Vitoria y le conocía yo de chico!»— y aprovechaba para colar el tema en la conversación en cuanto podía. Aunque no viniera a cuento, pero ese es otro asunto. El caso es que la modista y la madre de Olympia se embarcaron en una conversación sobre la suerte y el trabajo, que solo se interrumpió cuando Tomás entró por la puerta con unos refrescos y un bol de patatas fritas.

Mientras los adultos hablaban, Olympia se llevó las manos detrás de la nuca y se quedó con la mirada fija en el techo, pensando que su madre tenía razón. Ese año trabajaría como nunca. Y no se le iba a resistir nada.

8

Avanzaba la temporada y los ejercicios ya estaban montados, solo faltaba por retocar algunas dificultades, y las chicas trabajaban como locas intentando sacarlas adelante. Era difícil enlazar una parte del ejercicio con otra cuando aún no salían bien las cosas, pero todo era cuestión de tiempo y empeño.

Como no quedaba mucho para el primero de los campeonatos, Iratxe decidió hacer un control en el propio polideportivo. Para meterlas aún más en el papel, la entrenadora iba nombrando a sus gimnastas como si de una competición oficial se tratara:

—Actúa Carmen... Preparada Olympia... —iba diciendo cada vez, igual que dirían en unos días los jueces. Y al rato—: Actúa Olympia... Preparada Irene...

Aún estaban terminando de coser sus maillots nuevos y el control lo hacían con ropa de entrenamiento, pero peinadas y maquilladas como si fueran a competir. Ya habían pasado el primer ejercicio todas menos Irene, e Iratxe la estaba llamando en ese momento.

—Actúa Irene... —repitió.

Tendría que haber estado preparada desde que Oly, que fue la cuarta, entró en el tapiz. Pero no aparecía por ningún lado.

Iratxe miró alrededor.

—¿Dónde se ha metido?

—Me ha dicho que le dolía la tripa y que iba al baño —dijo Isa.

—¿Y tiene que ir justo ahora? —la entrenadora se puso de pie—. Patricia, por favor, ve a buscarla. Os quiero a las dos de vuelta en noventa segundos, te cronometro. Puedes ir tarareando una de tus músicas en la cabeza, a ver si ajustas el minuto y medio.

La capitana iba ya camino del vestuario cuando vieron llegar a Irene. Andaba encogida, doblada sobre sí misma, mientras se cubría la tripa con las manos.

—Me duele —le repitió a Iratxe, que se había acercado hasta ella—. Justo aquí —decía mientras se señalaba el punto exacto.

—¿Tanto como para no hacer el control?

La chica asintió con la cabeza, casi llorando.

—Llevo tres días con dolor y no se me pasa —decía lamentándose.

—¿Has comido coliflor? —se coló Isa en la charla. No quería ser la única que pasase por la bonita experiencia de poner el culo en pompa en una esquina del tapiz, delante de todas sus compañeras.

—No —aseguró ella—. Y me duele mucho.

Iratxe se pasó la mano por la melena pelirroja y resopló.

—Irene, tienes que estar tranquila —le dijo casi segura de que aquel era un episodio de nervios, tan corriente a esas alturas de temporada; sobre todo en individual, cuando las chicas se veían solas en el tapiz—. Si fallas, no pasa nada. Me importa sobre todo que seáis valientes y que trabajéis convencidas. Dejadle un poco de aire, chicas —pidió al resto.

Luego la rodeó con un brazo y la dirigió hacia un banquito que había justo a la entrada del pabellón.

—Escúchame, los nervios son algo muy normal antes de la competición. Les pasa a la mayoría de los gimnastas, incluso a los profesionales. En muchos clubes y hasta en el equipo nacional tienen un psicólogo que trabaja con los deportistas la fortaleza mental. Para llegar lejos en el deporte, ser fuerte de cabeza es tan importante como tener buena técnica, y esa fortaleza también puede trabajarse. Paso a paso, igual que trabajas la flexibilidad: cada día un milímetro más. ¿Me entiendes?

Irene asintió, aún con las manos sobre la tripa.

—A veces, cuando lo que está en juego nos importa, nos ponemos nerviosos por un exceso de presión, o por lo que llaman «miedo escénico», pero en realidad, esos miedos podemos vencerlos si aprendemos cómo. Y algunas veces solo tenemos que darnos un poco de tiempo. Ayuda si nos aislamos del exterior: piensa en lo que puedes hacer y no trates de hacer más de lo que puedes. Solo crea una burbuja a tu alrededor y confía en ti.

Iratxe miró a Irene a los ojos y le acarició el pelo: le preocupaba su estado de ánimo. Cierto que era la menos charlatana de todas, pero la encontraba demasiado apagada. A lo mejor debería llamar a un médico.

—Si crees que no puedes entrenar hoy, no pasa nada —le dijo—. Ponte el chándal para no coger frío y quédate aquí con Rufino. Yo voy a poner en marcha a tus compañeras y vuelvo.

Habían terminado los controles por hoy.

Iratxe encargó a las chicas hacer y registrar en sus cuadernos cinco veces seguidas bien cada lanzamiento antes de estirar y marchar a casa, y regresó con Irene: seguiría el entrenamiento desde el banco de la entrada.

Quince minutos más tarde, el sonido de unas sirenas llegó hasta el tapiz de rítmica.

—¿Dónde está Irene? —preguntó Oly a Patricia.

Ni ella ni Iratxe estaban ya donde antes, y al advertirlo todas corrieron a la entrada para ver cómo Rufino ayudaba a dos enfermeros que acababan de sacar la camilla de una ambulancia. Enseguida se formó un corrillo en la puerta: además de las chicas, se asomaron un par de entrenadores del club que compartían horario con ellas para ver si podían ayudar, y también un grupito de gimnastas de artística, que ya se iban.

—Vosotras no os preocupéis —les dijo Iratxe mientras subían a Irene a la ambulancia. Seguía sujetándose la tripa—. Van a llevarla al hospital para ver qué es ese dolor que tiene desde hace días.

Al ver los gestos de dolor de Irene, la entrenadora había decidido no arriesgarse y había llamado tanto a los padres de la niña como a urgencias.

—Yo me voy con ella. Patricia, te llamo en un rato y os cuento, ¿vale?

Las cuatro se quedaron allí de pie, con Rufino cerca, mientras la ambulancia se alejaba del pabellón con las sirenas encendidas.

Ortzi, que había salido, trató de tranquilizar a las chicas. Como gimnasta había presenciado golpes muy fuertes, roturas, algún desmayo, y sabía mantener la calma ante ese tipo de situaciones. Olympia admiraba su serenidad, la seguridad que le daba, se dijo que él era todo lo contrario a ella y no pudo evitar pensar en lo protegida que se sentiría teniéndolo siempre cerca. Suspiró al girar la vista hacia la sala de entrenamiento y ver los dos tapices juntos.

Las chicas se vistieron tan rápido como pudieron —ese día Rufino no tuvo que meterles prisa— y telefonearon a sus padres para que fuesen a buscarlas. Iratxe aún no había llamado a la capitana, y estaban decididas a plantarse todas en bloque en el hospital para saber qué le había pasado a su compañera.

En cuanto Tomás se presentó en el aparcamiento del pabellón y pisó el freno, las cuatro saltaron al interior del coche: Patricia, Isa y Carmen detrás; Oly delante.

—¡Arranca, arranca! —le gritó a su padre, mientras Carmen hacía de eco en el asiento trasero y sacaba el brazo por la ventanilla para señalar la dirección por la que se fue la ambulancia, como si fuese Colón señalando al descubrir América. Todavía llevaba su cinta en la mano, y parecía que iba a azuzar al coche, como un cochero con sus caballos.

Tomás no les hizo caso, siguió moviéndose con tanta calma como siempre.

—¿Es que habéis robado un banco y no me he enterado?

—¡Aita!

—Es que Irene...

—Iratxe me dijo que...

—La ambulancia...

Las cuatro se iban pisando las frases. Estaban muy preocupadas.

—Tranquilas —detuvo Tomás la avalancha—. Irene estará perfectamente, y yo no pienso moverme hasta que os abrochéis los cinturones de seguridad y os calméis un poco.

Salir del aparcamiento les supuso a las cuatro un ejercicio de autocontrol, aunque una vez en marcha, apenas tardaron diez minutos en llegar al hospital. Lo que no logró el padre de Olympia es que las chicas no se abalanzaran sobre el mostrador de admisión, y que no corrieran escaleras arriba, a buscar a Irene, que ya estaba en quirófano.

Luego se sentaron en la sala de espera con Iratxe, Tomás y los padres de Irene, que habían llegado casi a la vez que la ambulancia.

Allí se quedaron lo que a ellas les pareció una eternidad, hasta que el cirujano salió a hablar con los padres. En cuanto se fue, todas se agruparon alrededor de la madre de Irene.

—¿Cómo está? —preguntó Patricia.

—Ahora está bien, podréis verla en una hora. El cirujano nos ha dicho que tenía una apendicitis, pero que se convirtió en peritonitis por no quejarse todo lo que debería haberlo hecho —la mujer negaba con la cabeza—. Ahora el riesgo ya ha pasado, pero si no lo llegan a coger a tiempo... —y miró agradecida a la entrenadora, que en realidad se sentía un poco mal por haber pensado que solo eran nervios.

—Con razón estaba tan apagada —murmuró Olympia.

—Y no hablaba —asintió la capitana.

—¿Cómo no nos dimos cuenta?

—Tampoco es que Irene hable por los codos... —dijo Carmen.

El ambiente andaba algo bajo en la sala de espera.

—Vuestra compañera ha sido muy bruta —les dijo Iratxe—. Pero ya ha pasado, así que arriba todas esos ánimos.

En el rato que siguió a las noticias del cirujano, todas corrieron a la tienda del hospital, pusieron algo de dinero —y le pidieron algo más a Iratxe y a los padres «en préstamo»— y le compraron a Irene el peluche más grande que había: un oso gigante que casi parecía a escala real.

Una vez superados los efectos de la anestesia, cuando al fin les dijeron que ya podían pasar a verla, Irene se emocionó al adivinar a todas sus compañeras intentando entrar en bloque por la puerta de la habitación. Tuvo que adivinarlo, sí, porque el peluche era tan gigantesco que las tapaba por entero. De ese día, más que la operación, siempre recordaría cómo le hizo reír ver que asomaba a su puerta un oso con dos patas de felpa y ocho piernas de carne y hueso.

9

Todo volvía a la normalidad en el IVEF. Irene se perdería la temporada individual, pero estaría perfecta para la siguiente de conjuntos y continuaba visitando a sus compañeras cada día de entrenamiento: se quedaba junto a Iratxe y seguía muy atenta todas sus indicaciones, aunque hasta dentro de unos meses no podría poner en marcha los consejos que oía a la entrenadora.

Esa mañana de sábado, Oly se levantó feliz. Metió en la mochila el maillot amarillo —el último que le faltaba por probar de los que había cosido su madre— y cogió la bici para ir a entrenar. Estaba deseando que sus compañeras lo viesen. Sus maillots, los de todas ellas, no eran como los de las gimnastas rusas que estaban acostumbradas a ver por televisión, eran más caseros aunque no por eso menos elaborados, y tanto las chicas como Iratxe sabían cuánto esfuerzo había detrás de cada uno de ellos.

Sin embargo, al cambiarse en el vestuario no tuvo la acogida que esperaba:

—Oly, el amarillo... —empezó Isa.

—Dicen que da mala suerte, ya —completó ella—. Pero eso no es verdad: un color no hace que salgan mejor o peor las cosas, lo que cuenta es el trabajo diario —añadió repitiendo lo que había dicho Mina.

—Pues ya que estás, también podías romper en trocitos el espejo —se rio Isa mientras señalaba hacia la zona de cuarto de baño del vestuario.

—¿Y por qué iba a hacer eso? —se extrañó Olympia.

—Dicen que si rompes un espejo, son siete años de mala suerte.

—Eso será si se lo rompes a un policía encima de la cabeza, ¿no?

—¡O podías traerte un gato negro para el ejercicio de aro! —propuso Carmen interrumpiendo la charla de sus compañeras.

Carmen e Isa se imaginaron enseguida a Olympia en el tapiz, vestida con un maillot amarillo que recordaba a los uniformes de los domadores de circo, mientras animaba a un gato negro a saltar de un lado a otro del aro.

—¡Hop, hop! —se reían las dos.

—No les hagas ni caso —dijo la capitana.

—Es verdad, Oly, lo siento —dijo Carmen. Y justo cuando ella iba a decirle que no pasaba nada, añadió—: Además, puedes compensarlo cosiéndote al maillot patas de conejo y tréboles de cuatro hojas.

Y otra vez se echó a reír a carcajadas. Se reía tanto que el pompón blanco que llevaba para recogerse el pelo en lo alto de la cabeza se sacudía como loco y, al verlo, a Olympia también le entró la risa. Por eso las cuatro iban riéndose y soltando bromas cuando bajaron las escaleras camino del tapiz donde ya las esperaban Irene e Iratxe.

—¿Qué os hace tanta gracia? —preguntó la entrenadora.

—El maillot de Olympia.

Iratxe las miraba sin entender nada.

—¡Es amarillo! —dijo Carmen abriendo mucho los ojos, como si fuese tan obvio que no hiciese falta añadir a eso ni una sola palabra.

—Este no lo habías traído antes, ¿verdad?

Oly negó con la cabeza.

—Mi madre lo terminó ayer.

—Me gusta —dijo Iratxe mientras recordaba el primer entrenamiento de Olympia con el equipo, cuando llegó vestida de negro de la cabeza a los pies, incluidas las punteras. Cómo había cambiado en unos meses... Ahora la veía más segura de sí misma, más contenta entre sus compañeras, y eso se reflejaba también sobre el tapiz. Estaba convencida de que tenía madera de gimnasta, solo necesitaba seguir trabajándola y daba igual que lo hiciese vestida de amarillo que de rayas rojas, blancas y negras.

—¿Tú no eres supersticiosa? —le preguntó Irene a la entrenadora.

Iratxe negó con la cabeza.

—Yo no... Pero entre los deportistas siempre hay muchas manías —de pronto empezó a reírse—. Me acuerdo de una compañera de equipo que besaba todos sus amuletos antes de salir de casa: llevaba un peluche con ella y lo besaba y estrujaba entre ejercicio y ejercicio. También había otra que preparaba sus aparatos al lado de la bolsa, y si se le caía uno o se le movía de sitio, corría como una energúmena a recolocarlo.

Iratxe miró a Carmen y le dio un golpecito en el pompón.

—Recuerdo a una chica que se apoyaba la palma de la mano en la frente y se aseguraba de que su moño empezase justo donde acababa el dedo corazón —todas se pusieron a probarlo corriendo—. Y si no estaba perfecto, se lo hacía otra vez, porque si no, no era capaz de competir bien. Se ponía de los nervios —se encogió de hombros—. Son supersticiones. Manías.

Oly pensó en las suyas. Ella siempre entraba al tapiz con el pie derecho, pero aparte de eso...

—Lo importante es el trabajo —les repitió la entrenadora—. Se compite como se entrena. Lo que da mala suerte es no entrenar todo lo necesario. Y ya estamos perdiendo mucho tiempo.

Les puso una tabla de ejercicios para empezar el entrenamiento —dos ejercicios completos y cuatro mitades de cada ejercicio sin fallo— y les recordó que llevasen el registro en sus cuadernos.

Oly y Carmen se dirigieron hacia la misma zona del tapiz.

—Pues yo no me atrevería a ponerme un maillot amarillo —insistía esta—. Iba a parecer Piolín.

—O Pikachu, que se mueve más rápido —se rio Olympia.

Cogió el aro. Carmen, las mazas.

—Estás jugando con la mala suerte —le dijo a Oly.

—Pues yo no lo creo —le repitió ella mientras lanzaba el aro bien alto para probar un giro de pierna atrás.

Y de pronto...

¡RAAAAAAS!

El aro cayó sobre el tapiz sin que Olympia intentase recogerlo.

—¡No me lo puedo creer! —gritó mientras miraba el roto que se le había hecho en el maillot nuevo. No venía de la costura, sino del vientre.

—¡Te lo dije, te lo dije! —le repetía Carmen dando saltitos.

Al oír el jaleo, la entrenadora se acercó a ellas.

—Olympia, ¿esa tela es elástica?

—¡Claro! Cuando fui a comprarlas con mi madre, todas las telas estiraban.

—Ya, pero tiene que estirar en todos los sentidos —explicó Iratxe al tiempo que probaba la tela con las manos—. Esta lycra solo es elástica en una dirección, y tu madre te la cosió en horizontal. Al doblarte hacia atrás, no da de sí, y por eso se ha roto.

Olympia estaba asombrada. Tendrían que haberla probado mejor y, en cualquier caso, haber cortado la tela en el otro sentido.

—Es que el amarillo...

—Vale ya, Carmen —la interrumpió la entrenadora—: Con esta lycra se habría roto igual, no importa de qué color fuese. Y además, ha tenido la buena suerte de que se le rompiera aquí y no en el campeonato —luego se volvió hacia Oly—: Anda, ve a cambiarte y vuelve rápido.

Se dirigió cabizbaja hacia los vestuarios en busca del maillot de entrenamiento, y seguía igual de triste cuando Irene abrió la puerta y se sentó a su lado en el banco.

Le estaba dando vueltas a si había sido casualidad, o si de verdad el color amarillo traía esos accidentes, cuando Irene le dio unas palmaditas en el brazo.

—No te preocupes —le dijo—. Mis maillots ya estaban casi terminados antes de la operación, y yo ya no podré utilizarlos.

Oly levantó la mirada hacia su compañera. Lo de Irene sí que había sido una faena: se perdía la temporada individual completa y allí seguía, tan tranquila como siempre.

—Los estrenarás el año que viene —respondió, pero Irene negó con la cabeza.

—Qué va. Seguramente el año que viene ni siquiera me valgan. Puedes usar el que quieras —le repitió con una sonrisa—, me hará ilusión verte competir con un maillot mío en el nacional.

Sí, su maillot amarillo se había roto, pensó Oly mientras le daba un abrazo enorme a su amiga. Pero ¿cómo iba a ser mala suerte si estaba viviendo uno de los mayores gestos de compañerismo de su vida?

10

La mañana del campeonato provincial, Isa y Olympia se juntaron delante del espejo para innovar con el maquillaje. Su compañera de equipo había pensado que era el día perfecto para usar el vale del amigo invisible: las dos querían darle un toque especial a su mirada y en eso Oly era una experta.

Cuando Mina iba a la peluquería a cortarse el pelo, ella aprovechaba para ojear las revistas y sacar fotos con el móvil a los recogidos y maquillajes que más le llamaban la atención. Así es como descubrió el modo de crear una mirada felina. Quería esa mirada para sus ejercicios.

—Lo más difícil es conseguir que las dos líneas negras que marcan la mirada sea iguales y estén a la misma altura —explicó Olympia al tiempo que le ponía a Isa dos trozos de esparadrapo, del que utilizaba para tapar los agujeros de sus punteras, para marcar las líneas y sombrear los párpados sin miedo a salirse.

Una vez maquillado el ojo, retiraría el esparadrapo, limpiaría los restos con la base de maquillaje que siempre se ponía, colocaría el esparadrapo un poco más abajo y dibujaría otra línea. Quería que sus ojos llamaran la atención. Su amiga Marta las esperabas para peinarlas, y a Oly le hizo una trenza que formaba una especie de diadema sobre la cabeza, para suavizar el *look* final.

Cuando llegaron al pabellón Europa, que ese año acogía el campeonato provincial donde se reunían las mejores gimnastas de Vitoria, las dos estaban preciosas y llevaban el ánimo por las nubes.

En competición, todo salió a pedir de boca: dos horas después de haber entrado por la puerta del polideportivo, las cuatro de IVEF estaban clasificadas para el campeonato autonómico y los padres sonreían de oreja a oreja mientras aguardaban a reunirse con ellas en la grada. Entre ellos, solo una cara larga.

—¿Cómo has podido dejarte ganar por esa flaca? —susurró el padre de Carmen a su hija mientras buscaba a Olympia con la mirada.

Oly había fallado en el primer aparato, pero en los otros tres había remontado —sobre todo en el de cuerda, con la música de timbales de fondo— y al final había ganado la medalla de plata, mientras que Carmen había quedado quinta del campeonato. La pequeña gimnasta, que había sido la primera en salir de los vestuarios, miraba ahora hacia el suelo decepcionada.

—Lo siento —respondió tan seria que ni parecía ella.

Mina y Tomás estaban a unos pasos y habían oído de sobra el comentario del padre de Carmen, pero hicieron como si no, y se acercaron a animarla. Para ellos, lo importante no eran los resultados, sino ver sonreír a las chicas, sobre todo a su hija.

—¡Enhorabuena por el pase al autonómico! —le dijo Mina antes de plantarle un beso en cada mejilla.

—Podía haberlo hecho mejor —respondió Carmen mirando de reojo a su padre.

—Habéis fallado todas, es la primera competición. Saldrá mejor en la próxima. Lo importante es que te clasificaste —la animó mientras le tocaba el pompón blanco que nunca se quitaba.

Frente a ellos, el padre de Carmen respiraba aliviado, convencido de que ni Tomás ni Mina habían oído su comentario. No había estado nada afortunado, y menos después de ver cómo los padres de Olympia animaban a su hija.

Oly ya subía a la grada con la medalla de plata cogida bien fuerte cuando, de pronto, alguien le tocó la espalda.

—¡David! ¡Has venido! —gritó entusiasmada, al ver a su amigo con los auriculares colgados al cuello.

—No podía perdérmelo —dijo él llevándose la mano a la nuca—. Me ha encantado cómo has adaptado el ejercicio a la música que te hice.

—Además, la cuerda ha sido hoy mi mejor aparato, tuve la nota más alta.

—Algo habré ayudado, ¿no?

Olympia sonrió mientras asentía muy contenta. Miraba a su alrededor en busca del resto de sus compañeras cuando vio a Ortzi de espaldas: el pelo rubio, la postura y ese cuerpo tan musculado en forma de cruasán resultaban inconfundibles. No alcanzaba a ver con quién hablaba, hasta que de pronto él se inclinó para abrazar a alguien, y la cabeza de Patricia asomó sobre su hombro izquierdo.

De golpe, Olympia ya no escuchaba a David, que no había dejado de hablar hasta ese momento. En realidad, ya no escuchaba nada.

David tuvo que darle un golpecito en el codo para sacarla de su ensimismamiento.

—Bueno, yo me voy. Nos vemos —le dijo un tanto serio mientras se giraba ya con las manos en los bolsillos.

Y entonces Oly reaccionó.

—¡Espera! —le dijo mientras le agarraba rápido del brazo—. Te has ganado que te invite a unos pintxos de tortilla de patata rellena con mis padres, ¿no?

—¿De los de varios pisos?

Oly asintió.

—¿Y a qué me vas a invitar si pasas al nacional? —preguntó David sonriendo otra vez. En eso era el mejor: nunca perdía la sonrisa más de cinco minutos seguidos.

—Lo tendré que pensar —contestó.

—Puedo darte ideas.

Mientras ella echaba un último vistazo por encima del hombro hacia Ortzi y Patricia, David empezó a enumerar con los dedos.

—Una tosta de salmón con roquefort. Un pintxo de morcilla a la brasa. Otro de calabacín relleno de jamón ibérico y queso. Una brocheta de bacalao con pimiento...

Para cuando Olympia localizó a sus padres, David ya había dado dos vueltas a los dedos de las manos y aún seguía proponiendo platos. ¡Se le estaba haciendo la boca agua!

—Cállate ya, que me estoy muriendo de hambre.

—Ah, y un roscón de hojaldre del Txistu —añadió él.

—Si te comes la mitad de todo eso, revientas.

David era un tragaldabas. Le encantaba la cocina, y más de una vez le había dicho que si no llegaba a ser DJ profesional, sería chef.

Oly se fundió en un gran abrazo con sus padres, contenta también por ver a su padre tan sonriente y tranquilo.

—¿Lo has pasado muy mal? —le preguntó Olympia.

A Tomás la competición no le gustaba. Normalmente era él quien iba a buscarla en los entrenamientos, y siempre llegaba un rato antes porque le encantaba ver cómo repetía una y otra vez cada lanzamiento hasta que le salía bien, cómo sorteaba las cuerdas, las mazas, los aros de todas las chicas sin que se chocaran unas con otras. Para él, la competición que de verdad disfrutaba estaba en ese tapiz, el de todas las tardes.

—Peor que un ciempiés eligiendo los zapatos del día —dijo mirándola con una sonrisa.

—Lo pasa mal porque mientras dura el ejercicio está pensando en que Olympia puede fallar —le explicó Mina a David.

¿Cómo no iba a pasarlo mal, si después de tantas horas de trabajo, bastaba una mala respiración, una pequeña duda con el aparato, para provocar un fallo y tirar por tierra todo? 90 segundos para demostrar el esfuerzo de meses.

—Algún día conseguiré que te diviertas viéndome en el tapiz de competición —le prometió ella.

—Me vale con que estés contenta —respondió Tomás guiñándole un ojo—. Y ahora, ¿dónde decís que nos vamos a llenar el estómago?

—¿Os venís? —preguntó Mina a Carmen y su padre.

Y como ellos dijeron que sí, en menos que canta un gallo estaban los seis en la barra del Saburdi, uno de sus bares favoritos, eligiendo pintxos para celebrar el éxito del primer campeonato.

11

—Te has sometido a un experimento químico y si sonríes, te saldrán tentáculos. Entiendo que prefieras evitarlo, pero piensa que por lo menos tendrás la opción de hacer el ejercicio de aro con cinco a la vez... ¿Es eso?... ¿No?

—...

—Vale. Una llamada anónima te ha dicho que si dices una sola palabra, pondrán remolacha en el menú de la escuela de aquí a las vacaciones. El mes entero... ¿Tampoco?

—...

—¿Es porque has oído el rumor de que a partir del próximo año vas a tener que competir con música *reggaeton?*

David había repasado todos los motivos que se le ocurrían para explicar que Olympia anduviese con el ánimo por los suelos. Había empezado por los más lógicos, y a esas alturas ya estaba probando cualquier cosa. Lo que fuese, cuanto más absurdo mejor, con tal de que se rindiera y acabase diciéndoselo ella. Eso, o por lo menos que se riera.

Estaban los dos sentados en el patio del colegio, con la espalda apoyada en una pared. Oly tenía las piernas encogidas y se abrazaba las rodillas mientras miraba cómo parloteaba el grupito de chicas de su clase. David siguió su mirada.

—¿Es por Miren y las Calcetines? —preguntó.

—¿Qué calcetines? —Oly se giró hacia él extrañada; era la primera frase que decía desde hacía por lo menos cinco minutos.

—Todas esas, su grupito, ya sabes...

—¿«Las Calcetines»?

—Porque cada vez que abren la boca es para meter la pata.

Olympia no pudo reprimir una carcajada y David levantó los brazos en señal de victoria.

—Sabía que no conseguirías resistirte a mi ingenio —presumió.

A unos metros, Miren se había vuelto hacia ellos al oír las risas.

—No, no es por ellas —dijo Olympia cuando al fin pudo dejar de reírse.

—¿Entonces?

A Oly le daba un poco de vergüenza reconocerlo.

—Mañana es el campeonato autonómico.

—¿Y?

—Pues que en el equipo somos cinco... bueno, cuatro, sin contar a Irene... y solo se clasifican tres para el nacional, así que...

Esa tarde no entrenaban: el nuevo pabellón del IVEF sería la sede del campeonato autonómico y a esas horas Rufino de-

bía de estar dejándolo todo perfecto para la mañana siguiente. Aun así, no sería una tarde de descanso: Olympia y todas las chicas habían rascado cada minuto posible de su tiempo libre para hacer los deberes y seguir al día en clase.

Sacar adelante el curso era tan importante como entrenar bien, y la mayoría acababa pidiendo ayuda a sus padres y hermanos para recopilar la información de los trabajos, y que ellas solo tuvieran que desarrollarlo. Toda la familia se implicaba para ayudarlas, porque, como ocurría siempre conforme se acercaba la fecha de los últimos campeonatos, los entrenamientos cada vez se alargaban más y el cansancio empezaba a notarse. Esa tarde intentaría hacer algunos estiramientos en casa, pero el resto del tiempo le tocaba estudiar. Eso, si conseguía quitarse el agobio de encima.

—¿Crees que no puedes ganar a las de tu equipo?, ¿es eso?, ¿te preocupa quedarte fuera? —le preguntó David al ver que Olympia se callaba de nuevo—. Porque tú eres mucho mejor que...

—No es eso —le cortó ella.

Oly apoyó las palmas de las manos en el suelo para ayudarse y se puso de pie. Ya no aguantaba quieta más tiempo. David seguía mirándola desde el suelo, con la cabeza hacia atrás, apoyada en la pared.

—¿Qué te pasa? —repitió. Y ahora Oly ya no podía seguir guardándoselo.

—¡No me gusta competir contra mis compañeras! —ya está, lo había dicho—. Somos un equipo... Pero a partir de maña-

na, la temporada se habrá acabado por lo menos para una de nosotras. Si compito bien, a lo mejor le quito la plaza a Carmen. O a Patricia. O a Isa...

¿Quién merecía ir? Todas habían trabajado mucho y Olympia no podía sacudirse la idea de lo injusto que era el deporte. Pensaba en que todas habían entrenado las mismas horas, todas se habían esforzado y, en cambio, solo tres subirían esos tres escalones que daban el pase a la competición más importante.

Si ganaba, ¿cómo iba a ser capaz de alegrarse?

David se encogió de hombros.

—Bah, es deporte —él no veía dónde estaba el problema.

—¡Pero son mis amigas!

—Pues entonces, no compitas. Que te ganen —la picó.

Olympia se quedó callada. Esa no era una opción, imposible. Se recostó contra la pared, todavía de pie, y resopló. Luego, poco a poco, fue dejándose caer para sentarse de nuevo al lado de su amigo.

—Tú no le vas a quitar la plaza del nacional a nadie, Oly. Vas a competir para intentar ganarla, solo eso.

Olympia miró a David a los ojos. Eso que decía tenía bastante sentido, ¿no? O sea, en gimnasia uno no compite frente a otro, sino que ella saldría al tapiz y con quien iba a competir realmente era con ella misma. Tenía que intentar hacer en la competición la mejor versión de los entrenamientos. La nota estaba en manos de los jueces. Y después, si la suya era una de las tres primeras...

Volvió a resoplar.

—Ojalá pudiésemos clasificarnos las cuatro.

David se echó a reír.

—Y ojalá yo fuese DJ profesional y estuviese de gira por Europa, pinchando en los mejores sitios. Pero mira, toca ajustarse a lo que hay, que de momento es acompañar mañana a mi hermano a montar el equipo de sonido de una terraza que se inaugura por la noche.

El hermano mayor de David también hacía mezclas. Le sacaba casi quince años: fue él quien le metió el gusanillo de la música, y también quien eligió los auriculares de los que no se separaba desde Reyes.

—¿Vas a tocar algo tú?

—Le voy a tocar las narices hasta que me deje probar a mí —se rio de nuevo—. Un DJ no «toca», Oly, ¡«pincha»!

—Qué más dará —dijo ella.

—¡Recuerda este momento la próxima vez que yo llame «*Hula hoop*» al aro o «maracas» a las mazas!

Luego, asintió con la cabeza.

—Ibai me ha dicho que si me llevo mañana mi mesa de mezclas, me dejará hacer alguna enchufando al ampli del bar mientras él habla con los dueños y coloca todo para por la noche.

—¡Eso es genial!

—Sí, tengo unas ganas... Pero te prometo que entre pista y pista te estaré mandando suerte.

Olympia resopló otra vez —por lo visto, esa mañana era incapaz de dejar de hacerlo—. Por unos segundos se había olvidado del campeonato autonómico.

Con la mirada perdida al frente, Oly vio cómo Miren y su grupito empezaban a andar hacia la puerta de entrada a clase, y unos segundos después sonaba el timbre del final del recreo.

—¿Qué tenemos ahora?

—Mates.

David se puso de pie de un salto y tiró de las manos de Olympia para levantarla.

—Vamos.

Eran las 11.30 de la mañana. Faltaban justo veinticuatro horas para que arrancase el campeonato.

12

Olympia alzó la mirada hacia la grada buscando a sus padres como hacía siempre, y solo entonces recordó que no estaban allí. Tomás había tenido que llevar a Miguel, que jugaba con el Alavés un partido a las afueras de Vitoria, y Mina estaba acompañando a Israel a un campus de fin de semana con la escuela del Baskonia en el pabellón Buesa Arena. Por un segundo sintió un pinchazo de nervios, pero se repuso al instante.

Había llegado al pabellón del IVEF en su bicicleta, la había encadenado a una de las barras de la entrada, había saludado a Rufino —que estaba hecho un manojo de nervios, empeñado en que las gimnastas no cogiesen el ascensor, «por encima de su cadáver»— y había subido a cambiarse.

Era su club de siempre, sus vestuarios, el tapiz y los escenarios de cada tarde. A su alrededor, decenas de chicas evaluaban las instalaciones como hacían todas cada vez que competían en un sitio nuevo: en esta ocasión, Carmen, Patricia, Isa y ella iban a jugarse el pase al nacional «en casa».

—¿Vienes? —era Carmen.

—Sí. Espera.

Olympia terminó de colocarse las punteras que había decidido ponerse con el maillot negro con estrellitas que le había prestado para competir Irene: el primer ejercicio sería el de aro. Luego, siguió el pompón blanco de su amiga hacia el tapiz donde ya calentaban (cada una a su ritmo) la mayor parte de las gimnastas. Estaba lleno hasta los topes.

Sin pensarlo un segundo, Carmen se lanzó sin más, como si el tapiz estuviese desierto. A Olympia no le parecía tan fácil.

Aquello era casi como un videojuego de esos a los que jugaba su hermano Israel: ¿cómo iban a cruzar de un lado a otro sin llevarse a nadie por delante? «¿Dónde reparten aquí las vidas extra?». Parecía imposible abrirse un hueco entre todas ellas. Tampoco faltaban latigazos con la cuerda, aros que caían en la cabeza de otras compañeras y, sobre todo, gritos.

—¡Paso, paso!

—¡Cuidadooooooo!

¡CLONC!

Isa le había estampado un mazazo en la cabeza a una chica de un club de Bilbao con la que ya habían coincidido en la temporada de conjuntos. Como pasaba casi siempre, el grito de aviso llegaba al mismo tiempo que el golpetazo.

Olympia sujetó un poco más fuerte el aro y se alejó del tapiz un paso. De forma inconsciente, volvió a mirar hacia la grada. Tampoco allí cabía un alfiler: la gimnasia rítmica es uno de los deportes femeninos más practicados, por no decir el que más, y eso se notaba los días de competiciones.

De pronto, el cabello dorado de Ortzi llamó su atención entre los asistentes de la primera fila, los que estaban pegados a la barandilla. Qué distinto se le veía vestido de ropa de calle. Estaba tan guapo... ¡Y había ido a verlas! A Oly le hubiese encantado pensar que a quien había ido a animar en realidad era a ella. De repente, el chico levantó la pierna y estiró el empeine:

—¡Los pies, vamos! —gritó al tiempo que le guiñaba un ojo.

Olympia miró a ambos lados en busca de Patricia. Tardó unos segundos en darse cuenta que era a ella a quien le había mandado su apoyo, pero cuando al fin lo hizo, se puso roja como un tomate y sintió un cosquilleo en el estómago. No era de nervios, era de... Bueno, en el fondo no quería saber de qué era. Lo que sí tenía claro es que Ortzi la estaba apoyando desde la grada.

Le saludó con la mano y volvió a girarse hacia el tapiz.

«¡Vamos, vamos, vamos!», pensó para reunir ánimos. Luego cogió aire, igual que hacía antes de lanzarse de cabeza a la piscina, y dio un paso al frente.

Al momento, fue como si hubiese entrado en una autopista: notaba la carrera de las gimnastas de un lado a otro, los aparatos cruzándose en el aire, el ambiente expectante que hay siempre antes de la competición. No es que fuese nuevo para ella: eso era algo que ya conocían todas, pero ese día a Olympia le paralizaba ver la diagonal llena y pensar que tendría que hacerse un hueco entre todas, e incluso abrir el paso para

que las demás se apartaran. Como tratar de hacer el ejercicio perfecto en mitad de la tienda abarrotada de Telas al Peso.

—¡Olympia, es para hoy! ¿Quieres moverte? —oyó de pronto la voz de Iratxe . Antes de salir a competir deberías hacer el ejercicio por partes, mitades y al menos un par de enteros. ¿Cómo pretendes que la musculatura te responda en el tapiz de competición, si no la trabajas? Tienes que encontrar tu punto óptimo.

«¿Y ese punto óptimo cuál es?», se preguntó ella mientras asentía hacia la entrenadora y se lanzaba a la primera serie algo titubeante.

En esas condiciones, la verdad es que su calentamiento no fue el adecuado y cuando al fin le tocó salir, ya sabía que no iba al cien por cien. Estaba fría, y con los nervios de la competición, trataba de poner fuerte la musculatura de las piernas y sentía todo lo contrario: descontrol.

A medida que avanzaba el ejercicio, no paraba de repetirse que tenía que haber hecho como el resto: echarle morro y abrirse paso entre ellas como hacía siempre en el tapiz de calentamiento. Realizó el primer lanzamiento con el aro y lo recogió con el antebrazo: no había perdido el aparato, pero la recogida había sido sucia, y como lo sabía, se sentía nerviosa y lo peor de todo era que el jurado y el público lo notaban. En el giro en *ponché* se le aflojó la espalda y eso hizo que interrumpiera el segundo giro.

Cuando se apagaron los últimos acordes del *Concierto de Aranjuez*, salió del tapiz cabizbaja.

—Mucha música para tan poca gimnasta —oyó decir a la entrenadora de otro club cuando pasó a su lado, y ese comentario se le clavó en la tripa.

Se estaba jugando el pase al nacional y su primer ejercicio no había estado a la altura. Había trabajado mucho como para echar todo el trabajo por tierra. Y encima, ahora tendría que enfrentarse a Iratxe, que la miraba disgustada.

—¿Ves lo que pasa cuando una no prepara el ejercicio y la musculatura como debe? ¿Te das cuenta? —le preguntó a bocajarro en cuanto la tuvo delante—. Con lo seguro que tienes este ejercicio, y lo has hecho a medias.

—Es que...

—Ya empiezas mal con el «es que» —Oly agachó la cabeza—. ¿Por qué crees que ha sido?

—No hice el calentamiento como debía.

—¿Por qué?

—El tapiz de entrenamiento está muy lleno. No podía trabajar a gusto.

Iratxe puso los ojos en blanco.

—Por favor, Olympia... Todas están en las mismas condiciones que tú, nadie te va a poner una alfombra roja.

—¡Ya lo sé! —protestó ella. De repente, se estaba enfadando—. Pero ¿y qué pasa si doy a alguien? ¿O si me dan a mí?

—Si te dan, sigues y punto. ¿O es que nunca te han dado en los entrenamientos? —preguntó—. Tienes que tener en cuenta a las gimnastas, pero igual que tú cedes para que ellas trabajen, ellas lo harán contigo.

Olympia le prometió a su entrenadora que lo haría mejor y se fue a cambiarse de maillot. Cuando regresó, había una mirada nueva en sus ojos color miel. Parecían más firmes, más decididos. Volvió a coger aire y se enfrentó una vez más al tapiz de entrenamiento: parecía que era allí donde se desarrollaba la competición, y no delante de las jueces. Acababa de darse cuenta de lo importante que era salir con el cuerpo preparado.

Iratxe estuvo pendiente de ella y cuando no se atrevía a pasar porque otra vez se encontraba la diagonal llena de gimnastas, le gritaba «¡Olympia, ya!», y ella se lanzaba sin pensar, aunque a veces no podía evitar cerrar los ojos por el miedo a llevarse un trompazo. Pero según avanzaba, se iba abriendo un camino. En unas ocasiones se frenaba ella; en otras, las demás gimnastas, en un baile bien sincronizado a unos pocos pasos del tapiz que atraía todas las miradas de la grada.

Los dos siguientes aparatos fueron mejor. Salía más cansada, aunque cada vez con mejores sensaciones, cada vez más cómoda. Le quedaba solo cerrar su última actuación con la cuerda.

—Actúa Nerea..., club de Donosti. Preparada Olympia...

Poco a poco, el tapiz de calentamiento se había ido vaciando: Olympia era la última que faltaba por hacer el aparato. El orden se decidía por sorteo y salir tan tarde tenía sus cosas buenas y sus cosas malas.

La penúltima gimnasta estaba centrada en su ejercicio de cinta —cuando se hace el sorteo, cada gimnasta empieza con un aparato distinto: la primera con la cuerda, la segunda con el aro, luego mazas, cinta, de nuevo cuerda, aro y así sucesivamente—, y cuando terminó entre los aplausos de la grada, Olympia inspiró hondo.

—Actúa Olympia..., club IVEF —sonó por megafonía.

«Allá voy, vamos».

Olympia soltó el aire, marcó un paso con el pie derecho en *relevé* y salió camino del tapiz. Se colocó en la posición de principio. Respiraba.

1 segundo. 2 segundos. 3 segundos...

La señal de inicio del ejercicio tenía que haber sonado ya.

4 segundos... 15 segundos.

A Olympia empezaba a temblarle la pierna izquierda, donde tenía enganchada la cuerda en forma de *ponché*. Después, los brazos.

30 segundos.

«Pero ¿qué está pasando?, ¿por qué no suena?».

—Por favor, gimnasta: retírese del tapiz —salió por la megafonía, y Oly retrocedió sobre sus pasos tan aliviada como preocupada.

Se acercó a Iratxe sin quitar ojo de la mesa del jurado.

—¿Qué pasa?

Desde la entrada del pabellón les llegaban los gritos de Rufino, que no paraba de repetir «¡Cacharro del demonio!», «¡Con los vinilos no pasaba esto!» y «¡Necesito vacaciones!».

—Parece que se ha estropeado el lector de CD.

—¿Y entonces cómo...?

¿Cómo iba a actuar? ¿Cómo iban a valorar su composición? Con los resultados que tenían hasta el momento, Olympia estaba fuera del podio.

13

Los siguientes segundos se le hicieron larguísimos. A unos pasos, todas las gimnastas que ya habían terminado se habían asomado a la zona de competición para ver qué estaba pasando, Isa miraba hacia la garita de la entrada donde trabajaba Rufino, mientras Carmen trataba por todos los medios de atraer la atención de Olympia para mandarle ánimos.

El pabellón entero se había quedado en silencio.

Junto al tapiz, Iratxe intentaba que Olympia no se desconcentrara, pero no era fácil. Y de pronto, alguien en la grada empezó a gritar:

—¡Bajo! ¡Bajo! ¡Bajo!

Y el público comenzó a abrir paso a un chico, que se recorrió el pabellón completo para llegar hasta uno de los grandes altavoces de pie que flanqueaban el tapiz, con una maleta en la mano.

—¿¿David??

Olympia lo miraba con los ojos abiertos.

—¿Le conoces? —le preguntó Iratxe extrañada.

—¡DJ VIZ al rescate!

David abrió su maletín de mezclas portátil, colocó los platos de pinchar y los unió a la megafonía mientras las jueces se miraban entre ellas sin entender nada. Luego, se acercó al trote hasta Olympia, con su sonrisa de costumbre.

—Voy a pinchar tu música de cuerda —le dijo—. El final me lo invento, tú tranquila, que yo me adapto.

—Pero no sé si...

—¿Tú quieres ir al nacional?

Antes de que le contestase, David se dio la vuelta y regresó a su mesa, y cinco segundos después, el chico de megafonía le daba la entrada a Olympia. Ni siquiera la entrenadora sabía si el reglamento admitía lo que estaban a punto de hacer, pero era la opción más original que se les podía haber ocurrido.

Con la cuerda enganchada de nuevo en la pierna izquierda en forma de *ponché*, Olympia miró a David para indicarle que estaba lista.

La música comenzó a sonar en directo al tiempo que Olympia hacía rebotar la cuerda en el suelo y la cogía por los cabos. Los bajos sonaban perfectamente, el eco de los timbales hacía vibrar el pabellón, y era maravilloso verla marcar tan bien los pasos al ritmo de la música y observar el movimiento de David, con una mano en sus auriculares y la otra sobre los platos.

Era la versión moderna de la gimnasia antigua.

Olympia disfrutó como nunca del ejercicio. Se sentía especial sobre el tapiz. Ni siquiera le dio tiempo a pensar en los nervios de la competición. Solo sentía que el público estaba asombrado, que admiraba una forma tan original de mostrar el trabajo de una gimnasta. Esa forma improvisada de enriquecer un acontecimiento deportivo al mismo tiempo que original.

Cuando marcó la posición final con la cuerda enganchada en el pie, doblada en dos y la mirada al frente, arrancó la gran ovación del público. Y esa tromba de aplausos se hizo más fuerte todavía cuando David se colgó los auriculares al cuello y levantó los brazos para saludar.

Oly no podía sentirse más orgullosa de él. ¡De ellos!

Corrió fuera del tapiz en su busca y, sin soltar la cuerda de como la tenía agarrada, le rodeó con ella y lo abrazó hasta dejarlo casi sin respiración. Completamente feliz y abrazada a su amigo, no pudo ver cómo Ortzi los aplaudía desde la grada con la mirada baja.

—¡Qué bien, Oly!

Carmen pegó un grito que hizo a Olympia volver a Tierra y mirar corriendo hacia la mesa del jurado porque, ahora, ¿qué pasaría con el resultado de su actuación?, ¿sería nulo? Era como si ya se le hubiese olvidado que estaba compitiendo, pero eran momentos como ese los que de verdad le hacían disfrutar de la gimnasia.

Como el lector de CD seguía sin funcionar, el chico que llevaba la megafonía le pidió a David que tocase algo de fondo para que todas las chicas desfilaran al centro del tapiz, y nunca antes las gimnastas se habían sentido tan especiales. David metía una música diferente cada vez que entraba un grupo al tapiz precedido con el cartel que llevaba el nombre del club. Sonreían y caminaban al mismo ritmo, tan contentas.

El público aplaudió a rabiar cuando se escucharon unas palabras de agradecimiento hacia «el chico de los cascos», y justo después se procedió al resultado de la competición. El podio esperaba ser estrenado.

Primero fue el turno de las prebenjamines y benjamines, tan pequeñas que las campeonas no tenían pierna suficiente para subir al escalón más alto y lo tuvieron que hacer desde el tercer puesto mientras sacaban la lengua del esfuerzo.

Después vendrían las infantiles y, acto seguido, las júnior.

Al minuto, el nombre de Olympia sonó muy alto.

Ella seguía en otra galaxia, recordando segundo a segundo todo lo que le había ocurrido. Aún no podía creer que David, su compañero de clase, su mejor amigo, estuviera ahí, tan cerca del tapiz. Tenía una sonrisa grabada en la cara y la mirada perdida e hizo falta que la nombraran dos veces para despertarla.

Cuando se dio cuenta de que todos los allí presentes la miraban, se puso como un tomate y dirigió la vista de lado a lado intentando entender. Carmen, que la tenía delante, le arreó un codazo.

—¡Oly, que tienes que subir al podio! —decía apretando los dientes para que nadie viera que se chivaba.

—¿Qué?

Salió pitando en dirección al podio y subió al tercer escalón todavía con cara de sorpresa. Ni siquiera le dio tiempo a pensar que pisar uno de esos escalones automáticamente le daba el pase al nacional. Estaba muerta de la vergüenza. Miraba a David y no paraba de reírse, le había entrado la risa floja. ¡Había sido un ejercicio genial! De pronto, todo el mundo reía, también el público, hasta las gimnastas más pequeñas.

¿Qué estaba pasando? ¿Qué les hacía tanta gracia?

—Gimnasta —añadió el tipo de la megafonía—, ¿puede situarse en el puesto número uno, por favor?

—¡¿Qué?!

En el podio del campeonato de conjuntos que se celebró en Canarias, ¿no habían llamado primero a las que quedaron terceras? ¡Vaya lío! En cada competición, unas reglas distintas. Olympia reaccionó rápido, y con el pie derecho, que era con el que entraba siempre al tapiz, pasó del cajón del bronce al del oro mientras notaba cómo le empezaba a temblar la pierna. Apretó el cuádriceps y allí estaba, en todo lo alto.

«¡Que vértigo!», es lo primero que pensó. Y lo segundo fue: «Ojalá estuvieran aquí mis padres».

Miró hacia la grada, buscándolos, y allí estaba Tomás: ¡había llegado a tiempo para verla! Su padre le hacía señas y aplaudía, tan contento al lado de la madre de Isa. Olympia le devolvió el saludo como loca y al desplazar la mirada, un poco más abajo, vio que Ortzi le sonreía.

El público aplaudió todavía más fuerte. Campeona de Euskadi. ¿Quién se lo iba a decir? No le habían penalizado por la música, porque se había tratado de un fallo de la organización, y al fin y al cabo la música con la que hizo el ejercicio era la suya. Qué suerte había tenido de que justo el último aparato fuese la cuerda. Oly agarró fuerte la medalla de oro, ¡y la copa!, mientras el de megafonía continuaba con los nombres.

Segunda clasificada...

—¡Paula..., del club Donosti!

Aplausos y más aplausos.

Y tercera clasificada...

—¡Carmen..., del club IVEF!

Carmen subió al escalón del bronce de un salto y le dio la mano a Olympia. Estaba tan contenta, que parecía diez centímetros más alta de lo que era, y si seguía sonriendo así, se le iba a desencajar la mandíbula.

—¡Estamos en el nacional, Oly! ¡En el nacional! —le gritaba por lo bajo.

Patricia e Isabel se habían quedado fuera. Las gimnastas no suelen ver las actuaciones de las demás porque siguen calentando al otro lado del tapiz de entrenamiento, pero Olympia estaba segura de que algo le había salido mal a la capitana. En condiciones normales, tendría que haber estado en el podio.

Se acordó de golpe de la conversación que había tenido la mañana anterior con David, en el recreo del colegio. Le miró: su amigo sabía qué era lo que estaba pensando y levantó el pulgar en un gesto de ánimo. Es verdad que no le estaba quitando la plaza a nadie, pero le costaba mucho no pensarlo...

No quería ni sonreír al ver a Patricia detrás del cartel de su club, mirando al suelo porque no tenía ni fuerzas para mirar al podio. Era allí donde quería estar, en lo alto. En cambio, Isabel aplaudía con ganas y eso le permitió esbozar una pequeña sonrisa.

Y así es como terminó la competición autonómica, envuelta en un sentimiento agridulce. Era uno de esos momentos en los que a Olympia le gustaría compartir su triunfo, pero no podía hacerlo mientras veía sufrir a una de sus compañeras.

14

Con el paso de los días, se fueron aclarando algunas cosas. Por ejemplo, lo que le había ocurrido a Patricia en el campeonato autonómico. Se lo contó dos días después la propia capitana, cuando en el entrenamiento del lunes, Olympia se la encontró llorando junto a las espalderas.

«¿Es mejor dejarla sola o me acerco?», se preguntó, pero antes de que la duda le hiciera darse media vuelta de regreso a los vestuarios, Olympia recorrió el último trecho y se sentó a su lado, sin saber muy bien cómo consolarla. Su compañera tenía los ojos muy rojos, mientras estiraba para ganar unos milímetros en el *spagat*. Tenía mentalidad de ganadora, estaba claro que no iba a dejar de trabajar solo por que no le hubiese salido bien esta vez.

—Todas merecíamos ir al campeonato de España —le dijo con un poco de miedo de que la rechazara—. No entiendo que no estuvieses en ese podio...

Buscaba un porqué, y entonces Patricia le dio la respuesta:

—Me quedé en blanco.

—¿Cómo?

¡Buf! Esa era la peor de las pesadillas de Olympia. Se había despertado algunas noches pensando que no sabía qué dificultad tocaba, o que no se acordaba de cómo se hacía alguna recogida... ¿Y eso le había pasado a Patricia?

—Me quedé en blanco —repitió ella—. A mitad de mi último ejercicio y, de repente, fue como si se me hubiese olvidado todo.

La capitana le contó a Oly que aquella había sido una sensación horrible, de descontrol. Se puso a hacer rodamientos mientras trataba de concentrarse y las jueces la miraban como si se le hubiese ido la cabeza, porque eso no se parecía en nada a lo que ponía en la ficha que presentó Iratxe.

—No era yo. Estaba como anestesiada, incapaz de reaccionar. Solo quería que acabara lo antes posible —le confesó.

—Ahora entiendo tu nota tan baja...

Patricia empezó a sollozar.

—Yo sola dejé escapar el campeonato de España. Y ahora, ¿qué voy a hacer?

Iratxe acababa de enchufar su reproductor de mp3 al altavoz enorme que Rufino les había conseguido. Ahora la entrenadora tenía a mano todas las músicas de sus gimnastas y también las que ponía para el calentamiento. Ya nunca volvería a saltar ningún CD ni a estropearse el lector... Empezaba a sonar el *These boots are made for walking* de todos los días cuando llegó a la altura de las dos chicas, y suspiró al ver los ojos húmedos de la capitana.

—Patricia, basta de lamentaciones, no eres la única gimnasta a la que le ha pasado algo así. Tenías un exceso de responsabilidad. ¿Por qué? Solo tenías que hacer lo de cada día, ¿por qué te presionaste tanto?

La chica se encogió de hombros.

—Cuando a una gimnasta le pasa algo así, es porque está más pendiente del resultado o de la opinión de los demás que de su trabajo. Tenías la atención fuera. Tenemos que buscar por qué te ocurrió.

—Quería ir al campeonato de España —murmuró Patricia mientras Olympia asistía muda a la charla—. Es la única manera de que me vea la seleccionadora. Mi sueño era ir al equipo nacional y yo sola me lo he cargado —dijo con la voz un poco temblorosa.

Oly entendía bien cómo se sentía. Si le hubiese pasado a ella...

—Sí, ese seguro que es el sueño de muchas gimnastas —replicaba Iratxe—. Pero llegan muy pocas. Hace falta que se den muchas situaciones para que una gimnasta llegue al equipo nacional y todavía más para estar entre las diez mejores del mundo... Y por eso hay que disfrutar del proceso, de cómo vais mejorando en este deporte, de cómo vais creando vuestra personalidad, vuestra forma única y personal de hacer gimnasia.

»Ser gimnasta es mucho más que ir al equipo nacional. Ser gimnasta es saber que te dedicas a un deporte de mucha disciplina, dedicación, compromiso. La gimnasia es una experiencia de vida y es algo que quizás ahora no valoréis, pero, con los años, los valores que adquirís dentro de la gimnasia os van a servir para el resto de vuestra vida. La gimnasia es de esos deportes que os ofrecen una satisfacción inmediata, en cada entrenamiento, en cada ejercicio, en cada día difícil superado, en cada giro bien terminado, en cada equilibrio mantenido. Tenéis que disfrutar eso.

Olympia escuchó con mucha atención cada palabra de la entrenadora y a lo largo de ese entrenamiento las repetiría en su cabeza una y otra vez, mientras pensaba que si hubiese ido al equipo nacional en enero, nunca habría vivido la maravillosa experiencia del campeonato autonómico, y no pensaba en el título ni la medalla de oro, sino en cuando hizo su ejercicio de cuerda al ritmo de las mezclas de David.

Esa charla de Iratxe con la capitana había ayudado a Olympia, pero sobre todo a Patricia. Desde esa tarde se la veía más contenta, y en los entrenamientos en los que las cuatro coincidían, se la notaba más fuerte, más ella misma.

Ahora ya no entrenaban todas los mismos días: para Isa y Patricia, la temporada había acabado hasta después del verano, cuando empezase la de conjuntos, así que seguían yendo pero sobre todo porque no habrían sido capaces de aguantar sin gimnasia tres meses enteros. Ellas dos e Irene, que ya empezaba a entrenar, se dedicarían a crear elementos nuevos y a mejorar la técnica de los aparatos hasta que acabara la temporada individual. Para Carmen y Olympia, por el contrario, ahora llegaba lo bueno y cada vez tenían más exigencia en el trabajo, cada vez Iratxe les pedía más eficacia en los entrenamientos, más calidad.

Ese sábado por la mañana, les dejó listo el plan de entrenamiento:

—Dos enteros bien de cada aparato y cuando terminéis, podéis iros a casa, sea la hora que sea.

Todas sabían que había trampa: no era lo mismo centrar el entrenamiento en dos aparatos que en cuatro. Cuesta prepararlos porque para cuando te sientes con buenas sensaciones ya tienes que cambiar, y supone más esfuerzo. Siempre se atascaban en alguno y acababan haciendo más enteros. Aun así, miraban sus cuadernos de registro y veían que prácticamente tenían una eficacia de nueve de cada diez enteros. Ver eso y saber que lo que les pedía era posible les daba tranquilidad y confianza. El entrenamiento podía ser corto, y la verdad es que lo fue: solo tuvieron que repetir uno más de aro Olympia, y uno más de mazas Carmen.

Al terminar se pusieron a estirar. Iratxe las citó para esa tarde a la misma hora de siempre y se fue. En el pabellón ya casi no quedaba gente. Pero Oly no tenía ganas de irse a casa todavía...

—¿Por qué no vamos a la sala de artística? —le preguntó a Carmen con una sonrisilla. La otra tardó un segundo en apuntarse. Era así: se apuntaba a un bombardeo, cualquier cosa si había risas de por medio.

Las dos salieron corriendo, se asomaron por la lona roja y allí estaba Ortzi, trabajando los molinos en el potro con arcos.

—¡Vaya, es el primer día que termináis antes que yo! —dijo al verlas en cuanto plantó los dos pies en el suelo—. ¿Os han echado del entrenamiento?

Las dos sonrieron mientras se miraban para ver quién le daba una respuesta.

—Habría que verte a ti haciendo diagonales con el aro, a ver cuánto tardabas —se rio Carmen.

—¿Nos dejas probar tus aparatos? —Oly ya iba caminando directa hacia las anillas.

Ortzi las ayudó a subir y desde allí arriba Olympia, colgada como un mono, se dio cuenta de la fuerza que tienen que tener los gimnastas de artística en los hombros. Luego se subieron a las asimétricas de las gimnastas de artística. Olympia vio la barra de equilibrios, que le recordó a una prueba que pasó en el colegio en la clase de Educación Física. Era sobre una superficie parecida.

Se trataba de un banco sueco dado la vuelta y con la misma anchura, la de un pie. Tenía que caminar sobre él, y el profesor le repetía: «¡Imagínate que hay unos cocodrilos y no quieres que te coman!». Fue decirlo y Olympia estaba en el suelo. Con Ortzi cerca, esa mañana se subió a la barra, y pensó: «¿Y si lo que hay debajo son algodones o nubes...?». Como esos cubos de esponjas que tienen en el foso los chicos y chicas de artística para amortiguar el golpe al trabajar la salida de algunos

ejercicios, solo que Oly se lo imaginaba todavía más blandito... Y así fue como, sin darse cuenta, se encontró en el otro extremo de la barra, con los brazos en alto.

—¡Oly, mira!

Carmen la estaba llamando desde dentro del tapiz de artística, ese que la gente confundía con el de rítmica pero que era taaaan diferente. Daba saltitos, y se despegaba mucho del suelo. ¡Cómo rebotaba! Claro que para hacer esos mortales que hacen los de artística, si no tuvieran esa amortiguación, sería muy difícil y se romperían los tobillos y rodillas en las caídas.

Se unió a su compañera y no podía parar de saltar sobre él. ¡Era como una colchoneta elástica! (Bueno, a lo mejor no tanto, pero a Oly le parecía que si se empeñaba, llegaría a tocar el techo con los dedos).

Se disponía a hacer una diagonal de zancadas, para acabar la última en flexión. ¡Qué fácil era coger impulso y altura sobre ese tapiz! Pero girar, se giraba fatal porque se hundía el pie de lo blando que era.

—Oye, tened cuidado —les decía Ortzi a unos pasos de distancia—. Vuestro tapiz...

Oly hizo un *chasé*, el paso previo a coger los saltos. Luego vino la primera zancada espectacular. Si hubiese habido un fotógrafo en el pabellón, en ese momento no habría tenido ningún problema para coger el salto en el mejor momento. La segunda alcanzó todavía más altura porque venía de la inercia del salto anterior, y lanzó la pierna de delante para coger el

salto, flexionó el tronco hasta que sintió cómo su cabeza tocaba la pierna de atrás, con más amplitud y más altura todavía. Cogió el tercer y último salto con más altura que el anterior, sus piernas habían ganado más amplitud que los 180 grados y tenía la cabeza pegada a la pierna de atrás justo en el momento en que cerró el salto con la pierna en círculo. Cuando pensó que volaba, se le olvidó que los vuelos acaban.

No se despegó de esa sensación hasta que oyó un...

¡¡CRAAAAAAACK!!

Estaba en el suelo en décimas de segundo, y como si algo las empujara, sus manos se lanzaron a sujetar la parte exterior del tobillo del pie derecho.

—¡Aaaaaaay! —gritaba muy asustada mientras Carmen se quedaba de piedra y Ortzi corría a acuclillarse junto a ella.

Él había visto cómo el pie de Oly se torcía al tocar el tapiz. Seguramente ella lo relajó pensando que ya había llegado al suelo, porque no estaba acostumbrada a esa altura y la pilló de sorpresa.

—¡Oly, ¿estás bien?!

—¡Qué voy a hacer ahora! —se quejaba ella mientras intentaba no derramar una lágrima. Lo primero que había pensado era que solo quedaban tres semanas para el campeonato nacional.

—Vamos a urgencias, igual no ha sido nada —trató de tranquilizarla Ortzi.

Ella se quitó las manos el tobillo: ya estaba del tamaño de un botijo.

Carmen se tapó los ojos, no quería ni verlo.

—¡Voy donde Rufino a que me dé hielo! —les dijo mientras daba media vuelta y echaba a correr.

—Ortzi —murmuraba ahora Olympia—, escuché un «crack», lo escuché...

—Este pie no tiene buena pinta...

Y entonces sí empezó a llorar.

—La he fastidiado, Ortzi... —repetía.

Ya ni siquiera pensaba en cómo le latía el tobillo ni en los pinchazos que le subían por toda la pierna. Era más fuerte el dolor de saber que no podría ir a la competición, que ahí se acababa su temporada.

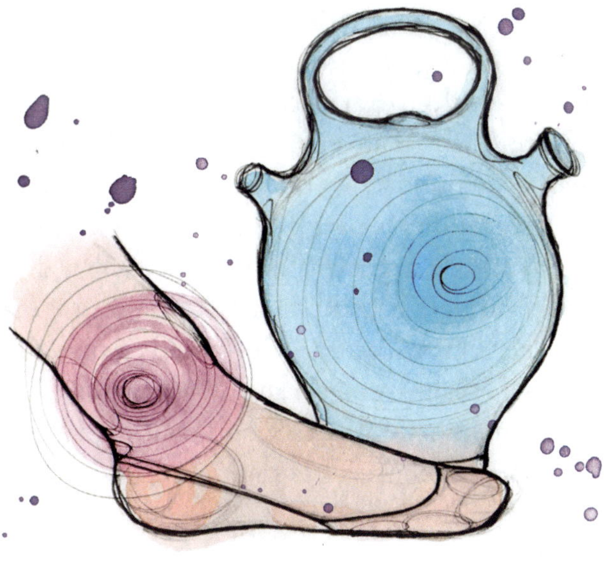

15

¡¡¡Aaaaaaaaah!!! Oly quería gritaaaaaaaaaar. Aquello era todo un suplicio. Llevaba cuarenta y ocho horas de un lado a otro a la pata coja, desesperada. Al final, en el hospital le dijeron que se había roto el quinto metatarsiano, un hueso que está en la parte exterior del pie.

«Es una fractura típica de gimnastas —le contó el doctor que la atendió en urgencias—. La torcedura del tendón y el ligamento del tobillo han fragmentado un pedacito del hueso y por eso se te hinchó tanto el pie. Tendré que inmovilizarte con una escayola y es importante que no lo apoyes en unos días. Te va a tocar llevar muletas para que el hueso se consolide bien».

Olympia salió de urgencias cabizbaja, con las muletas y escayolada. Ni siquiera la compañía de Ortzi conseguía animarla. «Vas a coger mucha fuerza en los brazos y cuando vuelvas a entrenar, tus lanzamientos serán los más altos de todos», le decía él para intentar subirle la moral, pero nada. Se despidieron los dos con una sonrisa tristona.

Desde entonces, el mal humor de Oly había ido en aumento. Entre las paperas y esto, llevaba un año con muchos parones, y no se le ocurría un castigo mayor para una gimnasta.

Además, no aguantaba las muletas, así que recorría la casa a la pata coja como un alma en pena herida en combate. Mina y Tomás la miraban de reojo, aunque no le decían nada; solo Miguel, que era el mayor, se atrevía a decirle de vez en cuando que dejase de dar botes de un lado a otro, que les estaba poniendo a todos la cabeza como un bombo. *Bum, bum, bum...*

—¡Para ya, Oly, que vas a hacer un agujero en el suelo! Pareces un canguro cabreado, y esto es Vitoria, no Australia.

Pero era imposible. Siempre le pasaba igual cuando le decían que debía tener paciencia y tomarse las cosas con calma: en lugar de tranquilizarse, se impacientaba y quería que volase el tiempo. El fin de semana había sido un horror. Y para colmo, como esta vez sentía que la lesión era solo culpa suya, iba pasando del enfado a los lloros y luego a la resignación, y otra vez al enfado... No había forma de entenderla. En realidad, no se entendía ni ella.

El lunes no le quedó otra que dejarse la bici en casa y aceptar que su padre la llevase al colegio, pero cada vez que se cruzaban con alguien corriendo por la calle, se le hacía un nudo en la garganta tan grande como un calcetín enrollado. No le apetecía ver a nadie. No quería que nadie le hablase. Se despidió de Tomás con un gruñido y bajó del coche deseando tener una capa de invisibilidad al estilo Harry Potter.

Entró en clase con las muletas, que Mina se había empeñado en que se llevara, fue derechita a su pupitre y se dejó caer en la silla como si fuese un peso muerto. Resopló y tumbó las muletas en el suelo.

Y, para su sorpresa, ahí cambió todo.

—Eh, Olympia, ¿qué te ha pasado?

—Olympia, ¿cómo te has hecho eso?

—¿Y esa escayola?

Poco a poco, empezó a formarse un corrillo en torno a ella, y cuanta más gente entraba en clase, más crecía la expectación. En el colegio, cualquier cambio se recibe como si llegase entre el sonido de unas trompetas, a lomos de elefantes africanos y anunciando un circo de siete pistas.

Uno de sus compañeros de clase se acuclilló en el suelo, sacó un rotulador rojo de vete tú a saber dónde, le pintó una línea discontinua a la altura del tobillo, y escribió «Cortar por aquí», con una cara sonriente y su firma debajo.

Fue como abrir la veda: en un visto y no visto, Oly tenía la escayola decorada con dibujitos y frases de mil colores tipo «Desactivar modo escayola para dormir a pierna suelta», «Pierna en reparación» o «Cuidado: mala pata». El mejor trozo se lo reservó David, que le dibujó unos auriculares y escribió dentro «Un beso de yeso».

Hasta el Marmoto, el profe de Lengua, quiso ponerle algo. Despacio y con letras redonditas tipo cuaderno de caligrafía, escribió: «Es-ca-yo-la: polisílaba llana de color blanco», y se quedó más ancho que largo.

Así, como por arte de magia, con cada frase, con cada nuevo dibujo, con cada firma, el mal humor de Olympia se fue desvaneciendo.

Se pasó los descansos entre clase y clase y el recreo completo botando de acá para allá a la pata coja, con las muletas olvidadas en el suelo, y cuando llegó el final de las clases y sonó el timbre, notaba agujetas en el gemelo de la pierna izquierda. Parecía que había corrido una maratón en el colegio.

Recogió los apuntes y guardó la carpeta dentro de la mochila. David la estaba esperando en la puerta, y los dos fueron despacio hasta la salida del colegio, donde solían encadenar las bicis.

—Como tengamos que ir hasta casa a tu ritmo, no vamos a llegar nunca.

—Haberlo dicho antes —respondió Olympia—. Ahora mismo me quito la escayola y vamos corriendo.

Tenía las palmas de las manos rojas por las muletas, y solo llevaban recorridos cien metros. Y la pierna buena había decidido que ya estaba bien de saltos. ¡Maldita caída! Mira que ir a saltar al tapiz de artística... Otra vez empezó a sentir el calcetín enrollado en la garganta.

Mientras ella se lamentaba, David se había colocado su mochila por delante y en cuanto Oly hizo un descanso para coger fuerzas entre paso y paso, él le dio la espalda.

—Sube —le dijo.

—¿¿Qué??

—Que subas. Te llevo a caballito.

—No vas a...

—¡Sube! —la interrumpió él.

Y le hizo caso. Era gracioso verlos: David iba andando a buen ritmo, y Oly llevaba las muletas cogidas con una mano como si fuesen la lanza del caballero en pleno torneo medieval, mientras con la otra se sujetaba a su amigo.

—Eres más lento que el caballo del malo —le pinchó, apoyando la cabeza en el hombro de David.

Él se rio y bajó todavía más el ritmo.

Ella se quedó callada en esa postura.

Cinco minutos después, David se detuvo delante de un bar cafetería. Eran casi las dos y cuarto y hacía mucho calor, el sol picaba.

—Algo bueno tiene que tener eso de estar incapacitada. Te firman la escayola, te llevan a caballito, te invitan a un helado...

—¿Me van a invitar a un helado?

—Eso he oído.

—Pues no voy a decir que no.

—Pero elijo yo.

—¿Y si no me gusta? —preguntó Olympia.

—Te gustará.

Lo dijo ya de camino a la puerta del bar, mientras ella le esperaba sentada en un banco en la acera. Pensó en lo genial que era tener a alguien como él, capaz de subirle la moral pasase lo que pasase. Y en Ortzi, en cómo la sonreía, y lo bien que había

SUERTE!!!..
LOVE
OLIMPIA
El futuro empieza hoy...
HELLO
BESO
YESO
DAVID
UN BESITO BIEN GRANDE OLI
LOVE
LOVE
LOVE
MUSIC
LIVE
LOVE
Cuidate
Desactiva
escayola
para dormir a pierna suelta!!

cuidado de ella con lo del tobillo, y en cómo fue a animarla al autonómico... justo el día en que David mezcló en vivo y en directo y Oly vio a Ortzi con Patricia y... Por primera vez, sintió que aquello se estaba complicando más de lo que le parecía hace unos meses.

—¿A que es perfecto? —oyó de pronto a unos pasos de distancia.

Oly se echó a reír.

David llevaba un Frigopié en cada mano.

16

Esa misma tarde, cuando bajó del coche de Tomás, sus compañeras la estaban esperando en la entrada del pabellón. Hasta Rufino salió de su garita para ver qué tal estaba. El conserje ya no asustaba a nadie. Al revés, todas le habían cogido cariño. Encima, después del lío que se formó con el sistema de sonido en el campeonato autonómico, el hombre se había estresado tanto que ese mismo domingo se marchó al balneario urbano con el vale del amigo invisible que le había regalado Irene hacía meses, y ahora se había aficionado. Hasta se le veía más sonriente. Decía que era porque quedaba poco para perderlas a todas de vista, pero ellas sabían que era mentira.

—La que has liado para poder coger el ascensor, rusita —le dijo al tiempo que pulsaba el botón—. ¡Pero solo ella! —gritó de pronto con el ceño fruncido al ver las caras de las otras cuatro—. Que aquí no se cuela nadie con la excusa de «le llevo las muletas», «le llevo la mochila».

Así que casi nueve meses más tarde, Olympia inauguró el ascensor del IVEF mientras Patricia, Irene, Isa y Carmen subían refunfuñando por las escaleras hasta el vestuario.

Oly se dejó caer en el banco de madera, y sonrió al ver las caras de sus compañeras, ahí plantadas y sin saber qué decirle.

—Ya verás como el año que viene... —empezó Carmen, pero dejó la frase a medias. Hablar del año que viene no ayudaba.

—¡Tranquilas! Estoy bien —les aseguró.

—Mira que ir a jugar al tapiz de artística... —dijo Patricia.

Tenía razón. Ese tapiz no era un juguete, eso ya lo había aprendido. Pero sobre todo había aprendido algo importante: si quería ser una gran gimnasta, tenía que ser gimnasta las veinticuatro horas del día. Claro que podía divertirse y hacer alguna que otra locura, pero siendo consciente siempre del peligro que podía suponer para su deporte.

—Fui una irresponsable —dijo cabizbaja.

—Sí —dijo Patricia, dura en su papel de capitana.

Todas se quedaron en silencio...

—¡Pero vas a tener la escayola más bonita del planeta! —como siempre, Carmen había aparecido para relajar la tensión, y se dedicó a esparcir por el vestuario rotuladores, pegatinas y hasta pegamento y cristalitos de swarovski—. Vamos a terminar de decorar esa escayola. ¡Y la próxima vez, les dices a los de tu clase que nos dejen un poco más de sitio!

Y así es como estrenó su escayola en el gimnasio, llena de dedicatorias y mensajes bonitos, tan brillante como los monos lila de la temporada de conjuntos.

Durante las siguientes dos semanas, Olympia continuó asistiendo a diario a los entrenamientos. Igual que Irene, Isa y Patricia, que tampoco iban al nacional, ella trabajaba todo lo que podía, sobre todo de cintura para arriba, para no perder la forma por completo y que, cuando le retiraran la escayola, su incorporación fuera más fácil. Fueron dos semanas duras. Oly debería estar entrenando junto a Carmen y cada vez que la miraba, deseaba estar en su lugar, pero era imposible.

El último día de entrenamientos antes de las vacaciones de verano, el pabellón parecía que estaba a cuarenta grados. En menos de veinticuatro horas, Iratxe y Carmen viajarían a Valladolid, donde se celebraba ese año el nacional individual, y las otras cuatro chicas solo podían pensar en la playa, la piscina o ponerse una tienda de campaña delante de un ventilador a todo trapo.

Además, el sudor hacía que a Oly le picara la pierna bajo la escayola y no podía más. Estaba sentada en una esquina del tapiz, con el cuaderno de registro de ejercicios cerrado junto a ella: le había pegado en la tapa una de las pegatinas de la escayola —una bola amarilla tipo ACID con una sonrisa— y ahora parecía que la pegatina se estaba riendo de ella. Al final se rindió y metió el bolígrafo entre la piel y el yeso para rascarse.

—¡Nooo! —gritó sin querer un segundo después, mientras observaba el boli, descapuchado. Irene se giró.

—¿Qué pasa?

—Que se me ha quedado el tapón dentro. ¡Y me sigue picando!

—Prueba con este rotulador —le dijo Isa.

Oly probó de nuevo. *Clac.*

—Ups. Se ha partido.

Carmen se acercó dando saltitos desde donde había dejado la mochila. Iba trasteando con la navaja suiza que le regaló Rufino y se quedó en cuclillas al lado de Oly sacando minitijeras, minisacacorchos, mininavajita, minilima, minidestornillador y hasta una brújula. Resopló mientras encendía y apagaba la linterna, apuntando al interior de la escayola de Olympia.

—Algo habrá, a los suizos no se les pasa una —dijo muy segura.

—La luz no funciona.

—¿Seguro?... La luz es sanadora.

—Esa es la del sol, Einstein.

—¡Eh! Prueba con esto.

Carmen le tendió unas pinzas diminutas independientes que acababa de descubrir en un hueco de la empuñadura... Y que acabaron en el fondo de la escayola de Olympia. Isa se echó a reír.

—¡Es como un agujero negro!

—Espera, espera, en algún sitio de ese trasto tiene que haber una caña de pescar —dijo Irene entre risas al ver los ojos como platos de la Microgimnasta.

Aquello empezaba a llamar demasiado la atención. Olympia miró hacia Iratxe, que estaba hablando por el móvil en ese instante.

—¡Coge el palo de la cinta! —le propuso Patricia, que a esas alturas era la única que quedaba sobre el tapiz, practicando nuevos lanzamientos.

Oly le hizo caso, se estiró para alcanzar su cinta y la coló por la escayola.

—Esto sí... Jooooo... Buff... Qué gustooo... —decía mientras notaba cómo el palo de la cinta llegaba por dentro de la escayola hasta el tobillo.

En ese momento la entrenadora se acercó a ellas.

—Pero bueno, ¿qué hacéis todas aquí? —preguntó mientras Isa, Irene y Carmen echaban a correr hacia sus aparatos sin decir ni pío. Luego miró a Olympia—. ¿Puedo hablar un momento contigo?

Oly se levantó muy seria. ¿Se había enfadado?

—Es que me pica la escayola y...

—Antes de ayer les pedí permiso a tus padres y le mandé por mensajería tu radiografía al médico de la Federación Española —la cortó la entrenadora, como si ni siquiera la estuviese escuchando—. Acabo de hablar con él por teléfono. Me ha atendido porque sabía que en el nacional de conjuntos despertaste

LOVE

el interés de la seleccionadora, así que le he explicado lo que te ocurrió y me ha dicho que si ya llevas dieciocho días de reposo con el pie inmovilizado, a lo mejor puede quitarte la escayola en el campeonato de España.

¿Qué? ¿Había oído bien? Olympia escuchaba con la boca abierta.

—Es antes de lo que en realidad deberías —continuó Iratxe—, pero siempre dan un poco de margen para asegurarse de que el hueso suelda bien. ¿Tú estarías dispuesta a afrontar la competición?

Le costó reaccionar, pero cuando lo hizo, habló convencida:

—¡Claro! ¡Sí! ¡Sí, claro que sí! ¡Claro!

¡No imaginaba que pudiese tener alguna posibilidad! Estaba dispuesta a agarrarse a esa, por muy pequeña que fuera.

—Olympia, va a ser duro. Seguro que la pierna ha perdido musculatura, así que tienes que estar fuerte.

Ella asintió.

—Está bien —le sonrió—, mañana salimos para Valladolid al campeonato de España.

El resto del entrenamiento, Oly estuvo como en una nube, sin terminar de creerse la noticia. De pronto ya no le picaba la pierna, ni notaba el calor, ni se acordaba de las ganas que tenía de irse de vacaciones a Alcántara, en Cáceres, como todos los años. Solo pensaba en las músicas de sus ejercicios, en las dificultades, y en que llevaba casi tres semanas sin dar un salto. Pero podía hacerlo, estaba segura. Podía. Había entrenado mucho. Y se lo repetía sin parar para quitarse los miedos. ¡Qué ganas de que llegase la competición!

Patricia, Isa e Irene se despidieron de ella entusiasmadas y deseándole mucha suerte, y Carmen estaba tan contenta como ella, encantada de no ir sola a Valladolid. Cómo había cambiado todo en una hora...

Olympia recogió sus cosas y ya cruzaba la puerta del pabellón pensando en lo que tenía que guardar en la maleta, cuando Ortzi le salió al paso. Había tenido que correr para alcanzarla, aunque tampoco tuvo que hacer mucho esfuerzo.

—Oly, ¿cómo lo llevas? —le preguntó. Estaba raro, más tímido que de costumbre—. Oye —le dijo—, como mañana es el campeonato y sé que tiene que ser duro para ti... quería hacerte un regalo.

—A mí, ¿por qué?

—Tú ábrelo.

Olympia rasgó el envoltorio.

—¿Unas punteras? —afirmó más que preguntó, mientras se daba cuenta de que llevaban una frase grabada por dentro, que empezaba en un pie y acababa en el otro. En el derecho ponía: «A veces las cosas se ponen del revés»; en el izquierdo: «pero no por eso se pierde el equilibrio».

No sabía qué quería decirle con eso. Tampoco cómo contestarle. Estaban los dos igual de sonrientes, aunque un poco cortados. ¡Vaya tarde de sorpresas!

—Espero que sean de tu talla —dijo él para romper el silencio.

AVECES LAS COSAS
SE PONEN DEL
REVÉS
♥♥♥
AVECES LAS COSAS SE PONEN DEL REVÉS...
PERO NO POR ESO, PIERDES EL EQUILIBRIO.
PERO NO POR ESO
PiERDES EL
EQUiLiBRiO

—Sí, claro que lo son.

Ortzi extendió la mano para coger la de ella, pero Oly la retiró corriendo. Aquello no estaba bien.

—Pero tú... —dudó—. Patricia...

Él ladeó la cabeza y frunció el ceño, hecho un lío.

—Tú y Patricia... —insistió ella—. Vosotros...

Ortzi se puso rojo. Oly lo notó y los dos empezaron a hablar al tiempo, pisándose las frases. «Patricia y yo no...», «No, no, tranquilo, si...», «O sea, ella no es...», «No quería decir que...», «Nuestros padres...». ¡Qué vergüenza! Hasta que él logró decir algo con sentido: «¡Somos vecinos!», y Oly cerró la boca.

—Somos vecinos —repitió Ortzi—. Nuestros padres son amigos y ella y yo nos conocemos desde hace siglos. Es como mi hermana pequeña.

¿Y ahora qué se supone que debería decirle Olympia?

—Ah.

Bueno, no había sido la respuesta más ingeniosa del mundo... pero era mejor que quedarse boqueando como un pez pegado al cristal de la pecera.

Ortzi seguía rojo. Los dos lo estaban. Para cambiar de tema, él volvió a señalar las punteras, que Olympia sujetaba en la mano.

—Ojalá te las vea puestas muy pronto.

—¡Y tan pronto! —no pudo reprimirse Olympia, aliviada por el giro en la charla, y feliz al recordar lo que había pasado esa tarde—. ¡Me las pondré en el campeonato de España!

Ortzi la miró otra vez con pinta de no entender nada.

—Mañana me quitan la escayola. ¡Voy a intentarlo!

A él se le borró la sonrisa de la cara; desde luego que esa no era la reacción que ella esperaba.

—¿Te parece mal? —le preguntó.

—Solo creo que deberías tener cuidado. Piensa en el futuro.

Por un segundo sintió que se enfadaba con él. ¿Por qué le decía eso? Menudo aguafiestas. Miró las punteras y pensó que no, que ella tenía razón y estaba haciendo lo que tenía que hacer. ¡Competiría en el nacional! Estaba convencida de su decisión. Levantó la mirada y buscó los ojos azules de Ortzi, antes de acercarse a él, darle un beso en la mejilla y marcharse dando pasos cortos con las muletas.

17

—¡Esto parece el bolso de Mary Poppins! —se le escapó al médico de la federación.

Todavía sujetaba en la mano esas tijeras extrañas con una punta aplastada para que no cortasen al introducirlas entre la piel y la venda de algodón que forraba el yeso por dentro. Le acababa de quitar la escayola y habían empezado a salir tapones de bolígrafo.

—¿Se puede saber qué es esto? —dijo sujetando entre el índice y el pulgar las pinzas de la navaja suiza de Carmen.

—Bueno, yo, es que...

—¡Te picaba el pie! —el médico no pudo evitar reírse—. ¿Has visto qué ampollas te han hecho los tapones? —Oly se encogió de hombros—. ¿No te dijeron que el aire de un secador de pelo en modo frío aliviaba? Veo que no...

Olympia movía los dedos del pie como si los viese por vez primera. ¡Veinte días de escayola! «¡Al fin libre!», pensaba. Ya se imaginaba dando saltos.

La noche anterior casi no había pegado ojo, y menos todavía en el viaje en el coche de Iratxe, con Carmen hablando y hablando y hablando sin parar. Pensando en Ortzi, Olympia había preguntado por qué no había chicos en rítmica, y, para su sorpresa, Iratxe les había explicado que sí que existía la categoría de gimnasia rítmica masculina, y que los chicos habían luchado mucho para que se les reconociera. «El máximo referente en España es Rubén Orihuela», les dijo, y Carmen corrió a buscar vídeos suyos de YouTube con el móvil. Un viaje divertido.

En realidad, había sido justo lo que necesitaba después de la charla de sus padres. Mina y Tomás habían aceptado la propuesta de Iratxe, porque confiaban en que un médico profesional sabría lo que decía, pero no les había hecho demasiada gracia. Al final habían cedido, aunque con lo mal que lo pasaba Tomás en las competiciones, esta vez iba a ser un milagro si no saltaba al tapiz de puro nervio. Ellos viajarían justo el día de la competición.

—Venga, apoya el pie y dime qué sientes —le indicó el doctor.

Olympia dio unos pasos por el cuartito: tres hacia el frente, media vuelta, tres hacia la silla. Se sentó otra vez.

—Me duele un poco...

—Es normal —asintió el hombre. Estaba acuclillado delante de ella y Oly pensó que era el primer médico que veía en camiseta, sin bata blanca ni nada—. Puedo infiltrarte para que no te duela durante la competición, pero no sentirás el pie. ¿Entiendes lo que significa?

Olympia negó con la cabeza.

—Quiere decir que no te dolerá, así que cada vez que caigas de un salto lo más probable es que no sientas el pie. Y si te lo torcieras, tampoco lo sentirías.

—Oly, tú decides —la apoyó Iratxe.

Salió de la consulta con una sola muleta y apoyando el pie despacio en el suelo, para que el tobillo derecho fuese acostumbrándose de nuevo a hacer el juego completo.

—¿Vas a competir mañana? —le preguntó Carmen en cuanto se reunieron con ella en el hotel que había al lado del pabellón. Y aunque le dijo que sí muy rápido, cuando su compañera empezó a celebrarlo dando saltos en la cama, Oly no fue capaz de sentirse tan contenta como ella.

Así pasó aquella primera noche en Valladolid, pensando en las opciones de competir, en las palabras de Ortzi, en sus ganas... Y a la mañana siguiente guardó todas las cosas en la mochila y se marchó con Carmen e Iratxe al pabellón, dispuesta a superar cualquier obstáculo.

El médico de la federación le infiltró el tobillo y tres minutos después Oly estaba en el vestuario, poniéndose el maillot de estampado de leopardo combinado con negro: el primer aparato era la cuerda.

Sentada en el banco, rodeada de chicas a las que no conocía, sujetó con las dos manos las punteras que le había regalado Ortzi, recordó su sonrisa y pensó que podía hacerlo. Lo tenía complicado, pero no iba a perder el equilibrio.

Salió del vestuario bien peinada y maquillada, y calentó como pudo, tratando de ignorar la extraña sensación de pisar y no sentir la articulación al cien por cien. Le daba pánico hacerse más daño todavía. Intentó centrarse en superar aquella situación, aislarse del dolor y pensar solo en el aparato, ese que llevaba semanas sin probar en condiciones.

—Oly, eres muy valiente —le decía Carmen.

Sin embargo, ella no se sentía nada valiente. Apoyaba el pie con miedo y cuanto más se acercaba su turno, más nervios notaba en la boca del estómago.

Cuando la nombraron y caminó hacia el tapiz, ni siquiera era consciente de que cojeaba. Colocó la cuerda en el empeine y marcó el *spagat* con la pierna doblada. Allí no estaba David para acompañarla con la mesa de mezclas, y en la grada su padre no quería ni mirar.

Empezó la música y con ella llegaron el primer rebote de la cuerda en el suelo, los primeros saltitos, el primer giro, la primera diagonal de saltos, la misma diagonal que le recordó el instante en que oyó el «¡crack!» sobre el tapiz de artística. Realizó el primer salto y al caer sintió el pie. Eso no podía ser bueno, no debería sentirlo. Aun así, continuó el ejercicio sin expresión de dolor alguna, como entrenaban siempre, y no tuvo grandes fallos. Aguantó el ejercicio, pero al terminar se le olvidó hasta el saludo final al público.

Le dolía el pie. O no, no le dolía. Más bien era una sensación extraña, como de hormigueo. Como si el tobillo no fuese suyo, sino otro que le hubiesen puesto ahí y que le quedaba un poco grande. En cualquier momento podía torcerse el tobillo sin darse cuenta y complicar más la lesión. No se encontraba bien.

Caminó hasta Iratxe con la cabeza gacha, y a su entrenadora le bastó con verle la cara para saber que ahí terminaba su competición.

—No te preocupes, Olympia. Vamos a curar bien ese pie, lo has intentado.

En la grada, Mina la miraba puesta de pie. Tomás tuvo que tranquilizarla para que no bajase corriendo a consolarla. Olympia estaría bien; tenía que pasar por eso y ellos estarían a su lado cuando le hiciesen falta.

El doctor la atendió de inmediato. Todavía llevaba la cuerda al cuello. En esta ocasión le pusieron una férula: una especie de yeso parcial con solo una parte rígida, y el resto, un vendaje elástico. Tenía el tobillo bastante hinchado y en esas condiciones no conviene escayolar.

—Y ahora a descansar —le dijo el médico de la federación—. Te irá bien poner la pierna en alto.

Oly no levantaba la cabeza. Era como una marioneta, no reaccionaba. Nunca se imaginó que las cosas le fueran a salir de aquella manera. Por un lado, se sentía aliviada por no tener que pasar por más dolor. Por otro, triste porque el esfuerzo no había merecido la pena.

Llevaba en la mano la puntera derecha. Se la había quitado para que le pusieran la férula y ahora volvía a ver la frase, de reojo, como una advertencia a la que no se ha hecho caso: «A veces las cosas se ponen del revés».

«Ni te imaginas cuánto», pensó con los hombros hundidos. Se sentía completamente derrotada.

18

El resto del campeonato lo vio junto a Iratxe, que le permitió quedarse abajo con ella para respaldar a Carmen. Olympia se perdió el primer ejercicio de su amiga, el de mazas, pero llegó a tiempo de ver el de cinta y el de cuerda, y a esas alturas de la mañana ya solo le quedaba el de aro. Ahora estaba compitiendo una chica andaluza con la cinta, luego era el turno de una gallega con la cuerda y después ya le tocaba a ella.

La andaluza estaba a punto de terminar su ejercicio. Sus lanzamientos eran altos y el manejo de la cinta resultaba enérgico, dinámico al ritmo de la música. Preparada para enfrentarse a la última diagonal, hizo el lanzamiento y de repente un «Ooooohhh» invadió el pabellón: la cinta se había quedado colgada en una de las vigas del pabellón, justo en mitad del tapiz.

La pobre chica se recompuso como pudo, sin saber cómo reaccionar, se perdió parte del ejercicio, y luego lo completó con la cinta suplente que había al lado del tapiz y saludó al público, roja como un tomate, antes de retirarse mirando al techo.

En realidad, eso que le había pasado no era tan raro, la altura de los pabellones de competición no siempre es perfecta, pero las gimnastas cuentan con eso como dificultad extra y se acepta.

A la gallega le tocó completar su ejercicio de cuerda con la cinta colgando amenazante en medio del tapiz, aunque lo hizo fenomenal y arrancó una ovación a la grada. Solo una vez pareció que la cuerda y la cinta se rozaban.

A todo esto, Carmen esperaba su turno junto a la chica que la acompañaría hasta el tapiz para su último ejercicio, y miraba hacia la viga del techo como si allí en vez de una cinta hubiese una víbora con colmillos afilados que fuese a saltar para comérsela de un bocado. ¿Cómo iba a hacer su ejercicio de aro con eso allí en medio? ¿Cómo no iba a distraerse?

Frente a ella, Olympia se dio cuenta de lo incómodo que podía ser competir en esas condiciones, pero miraba a derecha e izquierda y no veía a nadie de la organización tratando de solucionar el problema. Pues nada, ¡lo haría ella!

Saltando a la pata coja, recorrió con su cuerda al cuello los veinte metros que la separaban de Carmen y le quitó el aro de las manos. Su amiga solo reaccionó cuando ella ya volvía por el mismo camino por el que había llegado. No paró hasta llegar al maletín del doctor.

—Olympia, ¿se puede saber qué haces? —le decía Iratxe, detrás de ella.

—Dame diez segundos —respondió al tiempo que se agachaba para coger un esparadrapo.

—¿De verdad tú crees que este es el mejor momento para forrar un aro? ¿De verdad lo crees? —ahora sí que sonaba enfadad de verdad.

—Dame cinco segundos.

Olympia regresó hacia el tapiz de competición a la pata coja mientras enrollaba el esparadrapo alrededor del aro. Solo que no lo hacía como siempre. Lo hacía al revés: la cara por donde pegaba el esparadrapo quedaba al descubierto. Una vez forrada la mitad del aro, se metió en el tapiz.

El público miraba con cara de asombro y poco a poco se iba alzando un cuchicheo que llegaba hasta el tapiz, pero Olympia estaba tan concentrada en su plan de salvación que ni lo oía. Lo cogió con las dos manos, con el aro en paralelo al suelo, y comenzó a lanzarlo en inversiones todo lo alto que podía justo debajo del final de la cinta que colgaba. Esto hizo que tras varios giros del aro, la cinta quedase pegada en uno de los lados del esparadrapo.

Otro «Ooooohhh» enorme inundó el pabellón.

—Genial. Ahora ya no es una cinta, ahora es una cinta y mi aro —decía Carmen hecha un lío mientras miraba cómo cinta y aro colgaban en medio del tapiz.

Olympia cogió su cuerda y se puso a rotarla como si de un *cowboy* del Oeste se tratara. Luego lanzó uno de los cabos, que pasó limpiamente por el aro y también quedó enrollado. El cabo de la cuerda que ella sujetaba completaba la cadena de viga-cinta-aro-cuerda-Olympia.

Dio un tirón pequeño. El palo de la cinta que quedaba en la viga se balanceó, y en el segundo balanceo Olympia lo acompañó desde abajo con otro fuerte tirón que hizo que el palo pasara hacia el lado contrario de la viga y la cadena viga-cinta-aro-cuerda se deshiciese por fin. Así fue cómo la cadena de aparatos cayó sobre el tapiz.

Durante un segundo, el pabellón entero se quedó en silencio.

Pero al instante, el público se puso en pie y comenzó un:

—¡Olympia! ¡Olympia! ¡Olympia!...

¡Esos gritos, los aplausos, todo era para ella!

Permaneció inmóvil, a la pata coja en medio del tapiz, con un trozo de cinta sobre la cabeza. Miraba a la grada y todos aplaudían, coreaban su nombre. Sus padres, Iratxe, un montón de desconocidos y hasta una de las jueces que había decidido que tampoco hacía falta estar todo el rato tan seria. Los aplausos que no pudo recibir por su competición se los devolvían de golpe.

Salió del tapiz arrastrando todo el material y con una sonrisa. Carmen se acercó y le dio un abrazo.

—Gracias, Oly.

Juntas quitaron el esparadrapo y la megafonía no tardó en dar paso a su compañera, que terminó su competición haciendo un gran ejercicio de aro.

Mientras aplaudía a Carmen, de pie al lado de su entrenadora, Olympia se dijo que al final el esfuerzo de ir sí que había merecido la pena. Al menos había podido ayudar a una amiga.

Epílogo

Poco a poco el pabellón se iba vaciando, pero Olympia se resistía a marcharse. Le había pedido a su entrenadora que la dejase sola un rato. Sabía que sus padres estaban esperándola fuera; que Carmen querría celebrar con ella su segundo diploma del año; que Iratxe querría animarla, para que se olvidase de esta temporada de individuales y pensase ya en la próxima de conjuntos. Sabía que tenía que levantarse y salir... pero seguía sentada, repasando mentalmente todo lo que le había ocurrido en esa temporada.

La llegada a un equipo nuevo; cuando quedaron cuartas en conjuntos; verse obligada a rechazar la incorporación al equipo nacional; y, tras seis meses, cuando podía volver a enseñar su trabajo y su buen estado de forma, quedarse sin hacerlo porque un momento de diversión hizo que se rompiera el pie. «Lo he estropeado todo», pensaba con la mirada fija en el tobillo.

Se había quedado en un banquito, enfrente del tapiz de competición, con la mochila entre las piernas y el aro en su

funda, junto a ella. Los de mantenimiento del pabellón estaban recogiendo los carteles y retirando la mesa y las sillas del jurado. Oía sus voces dando instrucciones para enrollar los tapices. Pero aparte de eso, nada. Por eso se llevó el susto que se llevó cuando notó que una mano se posaba en su hombro y, al segundo, alguien se sentaba a su lado.

—Hola.

Miró hacia arriba y se quedó sin respiración. Era Maya.

—¿Por qué estás tan triste? —le preguntó la seleccionadora.

—Yo... —¿por dónde empezaba? Estaba triste porque nada había salido como debía. Y había sido solo por su culpa—. No he podido competir —dijo al fin—. No he podido enseñar mi trabajo.

La seleccionadora asintió.

—Sí, eso ya lo hemos visto todos.

Las dos se quedaron calladas unos segundos. Fue la mujer quien rompió el silencio.

—Me ha parecido muy valiente tu actitud. Querer intentarlo. Pero más valiente me ha parecido tu decisión de abandonar la competición: la salud está por encima de todo.

—Tenía opciones de subir al podio...

—¿Crees que una gran gimnasta se mide por los resultados?

Olympia dudó.

—Bueno, para eso existe un podio.

—Sí, por eso la rítmica es deporte... Pero también es arte. Cuando vas a ver una obra de ballet, vas a verlo para disfrutar, y habrá a quien le gusté más el ballet de Cuba y a otros el de Rusia; habrá a quien le emocione más el ballet de Nacho Duato y a otros el de Víctor Ullate, pero ninguno es mejor que el otro. Son estilos diferentes. Son distintas maneras de transmitir, de llegar al público. Lo mismo ocurre con la rítmica. Cada gimnasta es diferente, solo que para que haya un resultado final, existe un código de puntuación, y las gimnastas tienen que hacer el ejercicio tratando de obtener el mayor número de puntos. La que gana no siempre es la que más emociona al público, ¿entiendes?

No estaba segura, pero aun así Oly dijo que sí. ¿Qué más podía decir? Maya seguía hablando:

—Hoy, tu compañerismo unido a tu valentía y tu calidad como gimnasta han hecho que el público se pusiera en pie y te premiase con una ovación. Me gustas mucho como gimnasta, Olympia —le dijo cogiéndole la barbilla para obligarla a mirarle a la cara—, pero lo que más me gusta es que eres especial. Solo te falta madurar y eso únicamente te lo darán los años.

Olympia no podía articular palabra. Aquello era lo más bonito que jamás le habían dicho, y lo mejor de todo era que la seleccionadora seguía contando con ella. Se lo dejó claro cuando remató su charla con una sonrisa.

—Yo no quiero campeonas de España —le dijo—, quiero gimnastas con futuro. Así que quiero que vengas a Madrid.

Oly tuvo que hacer un esfuerzo para no lanzarse al cuello de Maya y darle un abrazo. Era la chica más feliz de la galaxia.

Sentada al lado de la seleccionadora, sonriente de oreja a oreja, recordó la frase que le había escrito Ortzi en las punteras: «A veces las cosas se ponen del revés, pero no por eso se pierde el equilibrio». Por fin la entendía del todo. Cuando haces lo que tienes que hacer, hasta eso que parece un obstáculo te va llevando por el camino correcto hacia tu objetivo.

A la vuelta de vacaciones la esperaba el equipo nacional.

Por primera vez en su vida, estaba deseando que acabase ya el verano.

Consejos y curiosidades por Almudena Cid

¿Sabías que...?

¿Sabías que las gimnastas podemos diseñar nuestros propios maillots?
Solo tenemos que echarle un poquito de imaginación. Ten en cuenta la música que vas a utilizar y escúchala en silencio, ¡seguro que pronto te viene una idea a la cabeza!
Las revistas de moda son una importante fuente de inspiración.
Venga, coge primero un lápiz y cuando tengas claro los cortes del maillot, solo tienes que colorear.
Piensa qué color debe predominar teniendo en cuenta la música y los colores que más te favorecen.
Aquí tienes un boceto sobre el que puedes hacer tu diseño. Y cuando lo tengas listo, compártelo conmigo en Twiter @OlympiaCuento.

¡Ya estoy deseando verlo!

Cómo mejorar la flexibilidad de las piernas

En gimnasia rítmica las gimnastas tenemos que crear formas con el cuerpo, y uno de nuestros quebraderos de cabeza es llegar a completar la amplitud de los movimientos. Por eso hay que trabajar la flexibilidad y la fuerza.
Quiero compartir contigo este vídeo con algunos ejercicios.

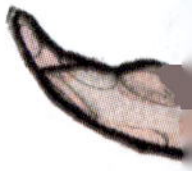

¡Y recuerda que tienes que ser constante en el trabajo!

Entra en www.almudenacid.com
para ver los ejercicios.

Entra en
www.almudenacid.com
y descubre algunos
trucos para que tu
maquillaje sea perfecto.

Agradecimientos

A mis padres y hermanos que con su contención saldaron gran parte del pasaje de aquella niña que viajaba rumbo a sus sueños.
A Agurtzane, por descubrirme y ser la incógnita de esa ecuación entre generosidad y honestidad.
Iratxe, no se me ocurre mejor lienzo que estos cuentos para reflejar tu profesionalidad, tu lucha por el trabajo elegante y las cosas bien hechas.
Ortzi, amigo, gracias por mostrarme en el momento justo el prisma con el que otear horizontes más allá de la gimnasia.
A Montse por la ilusión en forma de trazos vertida en estos cuentos.
A toda la familia Alfaguara. Anna, Laia, Anabel por invitarme a mecanografiar mis emociones en el mejor

formato posible y en especial a Maya por nuestras tutorías entre carcajadas.
A Al, por empujarme hacia adelante e invitarme a contemplar mi pasado como algo enriquecedor.
A ti, Christian, porque te bastó un año para descifrar lo que significa este deporte para mí y por posibilitarme una transición que se antojaba imposible.
A todos aquellos que practican este precioso deporte y que conciben la rítmica como única forma de expresión y de liberación.
Y cómo no, a todos esos noventa segundos que tanto me dieron y tanto me seguirán dando.

¡¡Y no te pierdas otras aventuras de Olympia!!